U0568211

曲阜

古迹通览

曲阜市文物旅游局

主编 孔德平

文物出版社

图书在版编目（CIP）数据

　曲阜古迹通览 / 孔德平主编. — 北京:文物出版
社，2010.6
　ISBN 978-7-5010-2973-0

　Ⅰ.①曲… Ⅱ.①孔… Ⅲ.①文物－简介－曲阜市
Ⅳ. ①K872.523

　中国版本图书馆CIP数据核字(2010)第088660号

责任编辑	夏　秋
美术编辑	张　伟　袁　宽
	聂　亚　上官茂峰　孔凡慧
封面设计	张　伟　聂　亚
校　　对	马宏岩　李翠芳　孔　鹏
责任印刷	张　丽

曲阜古迹通览

孔德平　主编

文物出版社 出版发行

北京市东直门内北小街2号楼

邮政编码：100007

http://www.wenwu.com

E-maill:web@wenwu.com

新华书店经销

开　　本：889mm×1194mm　1/16

印　　张：22

版　　次：2010年6月第1版

印　　次：2010年6月第1次印刷

书　　号：ISBN 978-7-5010-2973-0

定　　价：390.00元

编委会主任：刘　森

编委会副主任：杨凤东　李维生

主　　　审：李维生

主　　　编：孔德平

副　主　编：李　丽　周　鹏　李玉春　项春生

编　撰　人　员：（按姓名笔划顺序排列）

马宏岩　孔　锋　孔　勇　孔凡敏　孔祥伟　孔祥胜　孔德平
王　虎　王众文　尹宏复　孙　芳　李　丽　李玉春　李翠芳
刘　岩　刘天衢　刘绪兵　刘海霞　张　龙　张　伟　张　超
张舰艇　陈　鹏　周　鹏　杨　廷　杨金泉　杨孝瑜　杨君晓
杨淑娟　项春生　胡　涛　徐　冉　徐学峰　袁　宽　聂　亚
彭庆涛　彭保健　韩凤举　楚鲁鹏　蔺鲁建

摄　　　影：王雪峰　孔　勇　张　伟　管　杰　孔祥伟　杨君晓
袁　宽　聂　亚　关　晖　上官茂峰

大 成 殿

序

曲阜是孔子文物作为民族悠久历史的稀世鉴证，蕴含着中华民族特有的精神价值。曲阜作为名城、圣城，历史悠久，文化灿烂，文物遗存甚为壮观，这些文物是曲阜凝固了的历史遗存和历史见证，是历代先民创造历史的一个缩影。

曲阜是孔子的故乡，因孔子而扬名世界。但曲阜的文明史则可推至新石器文化时期。现代考古发掘表明，曲阜是大汶口文化、龙山文化的重要分布区域，是最早迎来华夏文明曙光的地区之一，是中华原始民族和远古帝王活动的中心所在。据《竹书纪年》、《史记》等古籍记载："神农氏都陈，徙都曲阜。""黄帝生于寿丘，在鲁东门之北。""少昊邑于穷桑，以登帝位，徙都曲阜。""舜作什器于寿丘"。三皇五帝中有四人在曲阜建都或留下踪迹。周公东征践奄后，周王朝封周公长子伯禽建立鲁国。公元前551年，孔子诞生于此。因孔子创立的儒家文化及其对后世中国乃至世界东方文明的巨大影响，使汉代以后的曲阜以孔子故里的声望彪炳人类文明的史册。同时，历代尊孔崇儒留给曲阜众多的"孔"字号文物遗存，"三孔"世界文化遗产就是其中的杰作，这成为曲阜文物的最大地域性特色。

曲阜历届党委、政府高度重视文物保护工作，始终秉承"保护为主、抢救第一、合理利用、加强管理"的文物工作方针，正确处理文物保护、抢救、利用、管理的关系，不断推进文物事业繁荣发展，荣膺全国文物工作先进市称号。为摸清文物家底，曲阜先后开展的文物普查有五次之多，全国性的文物普查也开展过三次。特别是2008年开展的第三次全国文物普查，具有以前两次普查不可比拟的资金、人员、技术优势，全市新发现各类文化遗产526处。目前，曲阜拥有全国重点文物保护单位6处、省级21处、济宁及曲阜市级157处，各类文化遗存650多处，馆藏文物10万余件。在896平方公里的曲阜大地上，拥有如此丰富的文化遗产，在国内也是不多见的。此次编撰的《曲阜古迹通览》，以图文并茂的形式，对各级文物保护单位及各类文化遗存作了较为全面而翔实的介绍，可谓洋洋大观，广开眼界。这是曲阜文物工作者辛勤工作所结下的丰硕成果，既是对我市文物工作的概括和总结，也是对曲阜文物一次全面性的展示宣传，更为下一步做好文物保护工作提供了重要参考。

文物是不可再生的。如何保护文物、怎样留存这些脆弱的历史碎片，则是衡量一个社会现代化和一个民族所能达到的精神高度的标尺。让我们凝聚起有所尊重、有所敬畏的共识，转化成保护文物、善待遗产的行动。

中共曲阜市委书记、市人大常委会主任

朱庆安

二○一○年五月

前言

曲阜，一座因孔子而扬名海内外的东方圣城，一座因儒家思想而泽被后世的历史文化名城。是东方文化的重要发祥地和世界历史上最古老、最伟大的文化胜地之一。

孔子（前551年—前479年）是中国古代伟大的思想家、政治家、教育家、儒家学派创始人。孔子及其儒家思想学说，不仅在中国历史上发挥过重要的积极作用，成为中国两千多年来帝王所尊奉的治国之本和中国传统文化的主流，而且在国际上也有着广泛而深刻的影响，对人类社会的文明进步，有着不可磨灭的贡献。孔子被国际社会誉为"世界古代十大思想家之首"，享有崇高的声誉，深受人们仰慕和敬重。

儒学之所以发轫于山东曲阜，看似偶然，实则有着深厚的历史文化渊源。山东是中国最大的半岛省份，地处东方，日出初光先照，春至和风早临，承雨露之润，得风气之先，是中国古代三大文明源头之一东夷文化的核心分布地域。东有大海碧波，西为平畴沃野，巍巍泰山拔地而起，滔滔黄河从天而来。山的仁厚、地的无私、水的灵动、海的宽广，孕育了厚重而璀璨的文化、哺育了智慧而贤能的名人，山东自古便有"孔孟之乡、礼仪之邦"的美誉。位于泰山以南、泗水之阳的曲阜，在其周围以古代鲁国的地域为核心，形成了中国古代儒学文化的重要分布区。曲阜的历史可以追溯到远古时期，中国远古传说中的三皇五帝，有四人在这里留下了踪迹。据《史记》、《帝王世纪》等史书记载，在今曲阜城东3公里的寿丘，就是华夏始祖轩辕黄帝的诞生地，"少昊自穷桑登帝位，徙都曲阜，崩葬云阳山"。现在曲阜城东八里，有一座金字塔式的坟墓，那就是五帝之一的少昊陵园，至今依然是古柏森森，高丘如塔，完好地矗立于寿丘故地。商代的曲阜名奄，一度成为商的王都。公元前11世纪，武王灭商，"封周公旦于少昊之墟曲阜，是为鲁公"，是当时最大的封国之一。由于周公旦的崇高地位和威望以及他本人对于西周礼乐文化的开创性贡献，使曲阜成了与当时首都镐京一样的文化最为发达的城市，是古代东方文化的中心之一。春秋时期，礼崩乐坏，独有鲁国还保存着丰富的古代文化，时人赞叹"周礼尽在鲁矣"。

周代鲁国共传二十六世三十四任国君，前后延续约800年，于公元前249年被楚国所灭。汉代时，曲阜又置鲁国。高后元年（前187年）封吕后外孙张偃为鲁王。景帝三年（前154年）封淮南王刘馀为鲁王，传五世六王，至新莽始建国元年（9年）被废。建武二年（26年）东汉光武帝封其侄刘兴为鲁王，建武二十七年（51年）将鲁国改作废太子刘疆的封地。刘疆虽为东海王，但都城却在曲阜，传六王，共170年。曲阜作为周之鲁都和汉之鲁国及东海国之都，历时长达1200年，是曲阜重要的历史发展阶段，也给曲阜留下了那个时代的鲜明的历史印痕。汉代以后，曲阜降为郡县小治，失去了往日都城的辉煌，但作为孔子的故乡，地位却日益凸显，声名远播，至今人们仍用"鲁"作为山东省的简称。曲阜因其历史底蕴的深厚而诞育了孔子以及孔子的儒家学说，又因孔子而留下了极为珍贵和丰富的文化遗产，品位之高、规模之大、数量之多、影响之深远，在全世界同类城市中几乎是独例，博大厚重的文化影响、世界顶级的文物古迹，不仅使曲阜成为伴随历史的千古圣城，在文化的传承中越来越光彩夺目，也使曲阜在现代旅游业的发展中，形成了独有的特色魅力和永不枯竭的资源优势。

　　踏进"万仞宫墙"，漫步在弥漫着周风汉韵、圣贤遗泽的曲阜古城内，展现在你面前的是数不胜数、绚丽夺目的历史遗珍。悠久的历史，灿烂的文化，使曲阜的地上地下保存了丰富的文物古迹，　1982年，曲阜被国务院公布为全国首批24个历史文化名城之一。

　　曲阜众多的文物古迹中，规模宏大的孔庙被誉为世界上最早的博物馆，孔府是世界上保存最完整延时最久规模最大的贵族府邸，孔林是世界上规模最大延时最久的家族墓地。除三孔之外，曲阜还有举世罕见的距今两千多年西周时期的城市遗址—鲁国故城遗址，汉高祖刘邦东巡过鲁时修建的祭祀复圣颜回的庙宇—颜庙，祭祀元圣周公的周公庙，被誉为"中国金字塔"的少昊陵，以及孔子父母埋葬地梁公林、孔子诞生地尼山夫子洞、纪念孔子讲学的尼山孔庙和书院、洙泗书院等众多与纪念孔子有关的历史遗存。另外，还有我国古代思想家孟子的故宅和孟子父母埋葬地孟母林，有年代久远的九龙山汉墓群，有宋代徽宗皇帝在黄帝诞生地寿丘为祭祀黄帝而雕制的重达380多吨、雕刻精巧、气势宏伟、堪称"世界之最"的宋宣和巨碑和宋庆寿巨碑，还有孔府古籍、孔府档案、明清服装、出土文物等十万多件的珍贵馆藏文物、五千多块西汉以来的历代碑刻、17000多株古树名木等。所有这一切，足以让世人感受到曲阜这座东方圣城文化积淀的无比厚重。由于对东方文化的重要贡献，曲阜被称为东方的麦加或东方耶路撒冷，是与基督教和伊斯兰教的起源地齐名的东方圣城。不知孔子，不可谓知中国；不到曲阜，又焉能知孔子？两千多年前，伟大的历史学家司马迁就饱含深情地说："读孔氏书，想见其为人"，长途跋涉来到曲阜后，又"祇回留之不能去"。宋人更是发出了"大哉孔子！孔子之前无孔子，孔子之后更无孔子"的由衷赞叹。特别是毛泽东提出的"从孔夫子到孙中山我们都要给以总结"的著名论述，今人大多还耳熟能详。孔子早已成了东方文明的代表和象征，越来越多的人开始向往孔子，向往着到曲阜去实地探寻他的足迹、他的生平、他的道德文章，并以此感悟先哲的人生。在这里，您不得不深思，也不能不感奋，因为这里深扎着中国传统文化的根，深扎着中华民族的根。置身曲阜，当你远远地看到高高的城墙上彩旗猎猎，城墙下柳条依依，一轮红日从城墙上冉冉升起时，你将调节怎样的心理去面对万代师表？孔子离我们很远，感觉却是离孔子那么近，仿佛可以和孔子进行思想上的对话，进行情感上的交流。在这里，唱响的是世界大同的和平乐章，领略的是华夏艺术的几度辉煌，呼吸的是先师孔子的圣哲芬芳，感悟的是人性智慧的不断张扬。

2007年4月，国务院下发了《关于开展第三次全国文物普查的通知》后，曲阜市作为文物大市、强市，市委、市政府给予高度重视，把第三次全国文物普查工作纳入了市政府工作的重要议事日程。根据国务院、山东省、济宁市关于第三次全国文物普查工作的统一部署，经过一系列紧张有序的前期筹备，曲阜市第三次全国文物普查于2008年3月正式启动，在全体普查队员的共同努力下，经过一年多的辛勤工作，在各乡镇、各村街的大力支持和配合下，对曲阜境内889平方公里土地进行了拉网式、地毯式的普查，经过一年的时间，全面完成了全市12个乡镇、街道的文物普查任务，调查登记各类不可移动文物600余处，比较全面地掌握了全市的不可移动文物分布、保存等情况，文物普查工作取得了可喜的成绩。圆满完成了曲阜市第三次全国文物普查田野调查阶段的工作，新发现文物点526处，其中古遗址68处、古墓葬32处、古建筑147处、石窟寺石刻166处、近现代重要史迹及代表性建筑102处、其他11处，一大批文物点的发现，大大丰富了曲阜市不可移动文物的资源，为研究曲阜悠久的历史增添了珍贵的实物资料。

对曲阜古遗址的调查，是我们此次文物普查的一项重点工作。此次普查共新发现古遗址68处。泗河是一古河道，自古以来，人类就依泗河两岸而居。以前的田野普查在泗河南岸发现了一批古遗址，但在北岸却发现较少。本次普查发现了一批有价值的商周及汉代时期的古遗址，且地表遗存物比较丰富，具有典型的商周及汉代时期的聚落遗址特征。这些遗址的发现进一步论证了商周及汉代时期此地就有大量人口居住，有力地佐证了曲阜作为商奄故国、周汉鲁都的历史地位，为研究曲阜商周及汉代时期的聚落分布、文化特征提供了重要资料。

碑刻、石刻是我市历史文化遗产的重要组成部分，记录着当时的历史事件、价值观念和民俗风情等信息，具有珍贵的文物价值。此次普查共新发现碑刻、石刻166处。一大批碑刻、石刻的发现也是我们此次文物普查的重大收获。如"重修曲阜县廨碑记"的发现就属此次文物普查中的重大发现，为研究曲阜仙源旧城的发展历史提供了重要依据，填补了曲阜地方史研究的历史空白，成为考证曲阜仙源旧城的历史发展脉络不可多得的第一手资料。

散存在民间的一大批古民居、祠堂、庙宇等古建筑的发现，为我们了解曲阜地区传统建筑风格与民居特色提供了直观的实物研究资料。此次普查共新发现古建筑147处。在防山乡双山口发现的一座玉皇庙，始建于清代，全石质结构，庙为正方形，叠涩起顶，呈金字塔形。庙东有碑刻两通，详细记述了乡人共同捐资重修玉皇庙的经过。该庙受宗教信仰或当地建筑风格影响，造型独特，较为罕见，真切地反映了当地原生态的宗教信仰和淳朴的民风民俗，具有一定的地域性历史文化价值。

通过普查我们发现了上百处新中国成立后和"文革"期间兴建的大型水利、交通设施或公共建筑等近现代重要史迹及代表性建筑。这些建筑设施规模宏大，工程浩繁，具有鲜明的时代特征，充分体现了当时人们的聪明才智和不畏艰险、利用自然改造自然的群众力量，一些水利设施大部分仍在使用，为解决当地农田的水利灌溉发挥了重要的作用。第三次全国文物普查相关标准要求把"文革"期间修建的大型公共设施纳入本次普查范围之列，因此，我们对这些设施进行了登录，以期望使它们能够得到有效合理的保护。

除此之外，我们还整理收集了一批民间传说，如防山罴狐精、二郎担山撵太阳、坐缸坟、乌龙潭、防山五鼠洞、芦山炼丹炉、茄山金店等。这些传说，故事生动，寓意深刻，大大丰富了我市的非物质文化遗产的研究资料。

曲阜的田野普查期间，山东省文物局、济宁市文物局领导及有关专家多次到曲阜实地检查督导曲阜市第三次全国文物普查工作的进展情况。督导组充分肯定了曲阜市文物普查工作，并指出曲阜在文物保护管理方面一直走在全省的前列，这次第三次全国文物普查工作也决不能落后，要以此为契机，做到文物普查和文物保护相结合，在普查的基础上，确定保护一批有文物价值的文化资源。同时，要加强宣传工作，进一步提高群众的文物保护意识。

山东省三普办为推动全省田野文物普查工作，结合曲阜的田野普查工作实际，在曲阜召开了全省县域文物普查经验交流会。与会代表一致认为，曲阜的文物普查从办公条件、人员配备、经费到位情况、普查成果等方面，都远远领先于全省大部分地区，工作做得精、做得细，堪称全省楷模。

规模宏大的第三次全国文物普查，在曲阜文物普查队的一步步努力下，已全面完成田野调查任务，全体普查队员又严格按照国家文物局制订的"五个标准、六个规范"要求，全面、系统、高标准、高质量地汇总、整理、筛选、登录田野普查采集的相关数据及收集的所有信息资料，做好文物普查资料的登录、整理工作。在此基础上，逐步完善曲阜市文物"四有"资料，并认真研究、分析曲阜市文物分布特点和规律，制订保护规划，为文物保护工作奠定基础，为进一步开创曲阜市文物工作的新局面作出应有的贡献。

　　时代的步伐让人们感受到历史的悠远和文明的凝重。人类社会的文明进步总是一个历史累积的过程。由孔子所创立的儒家文化及其在曲阜所留存下来的丰富的历史文化遗产影响了中国乃至整个东方世界两千多年，形成了在当今世界仍有鲜明特色的"孔子文化圈"。这一切就更加令后人感悟到伟大先哲孔子的智慧光芒，在中华民族伟大复兴的道路上，以儒学为代表的优秀传统文化仍然有着不可替代的历史价值。让我们共同珍爱历史留给我们后人的聪明才智和珍贵遗产吧！

目录

近现代重要史迹及代表性建筑/276

古建筑

　　殷商时代的甲骨文中，不少汉字就借用两坡顶的建筑形象来造字，现代汉字中偏旁部首中的"宝盖头"就是建筑形象的直接表现。相对于西方文明，中国的古建筑充分发挥了木材这种建筑材料的优势，以四角起翘的大屋顶和斗拱为象征。清华大学建筑系的创办者梁思成说："中国古建筑是最大宗的文化遗产，这是我们的根，是我们的脉，是我们的魂。"

中國古建築是廣大家的文化遺產

這是我們的根

是我們的魂

中國古建築是廣大家的文化遺產

這是我們的根

是我們的魂

全国重点文物保护单位

孔 庙

金声玉振坊 建于明嘉靖十七年（1538年），取自《孟子·万章》赞扬孔子语"孔子之谓集大成。集大成者，金声而玉振之也，金声也者，始条理也，玉振也者，终条理也。"意喻孔子思想完美无缺。坊额由明代山东巡抚胡缵宗题写。

北

角楼　　　　　　　　　　　角楼

神厨　　　　　　　　　　　　　　　　　　　　洗手间

圣迹殿

焚帛池　　　　　　　　　　后土祠　神庖

启圣王寝殿　　　　　　　　　寝殿　　　　　　　　家庙

启圣王殿　　　　　　　　　大成殿　　　　　　　崇圣祠

西庑　　东庑

杏坛

鲁壁

孔宅故井

金丝堂　　　　　　　　　　　　　　　　诗礼堂

启圣门　　玉振门　大成门　金声门　承圣门　　毓粹门　　　孔子故宅门

观德门

洗手间　　　十三碑亭　　　　　　　　　　　　十三碑亭

奎文阁

斋宿　　　永乐碑亭　　同文门　　洪武碑亭　　斋宿

弘治碑　　　　　　成化碑

角楼　　　　　　　大中门　　　　　角楼　钟楼

弘道门

璧水桥

仰高门　　　　　　　　　　　　　　快睹门

洗手间　　　　　　　　　　　　　　阙里坊

圣时门

道冠古今坊　　　　　至圣庙坊　　　　　　　德侔天地坊

太和元气坊

棂星门

下马碑　　　　　　　　　　　下马碑

泮水桥

开放区

未开放区

出口　　洗手间

入口　　公用电话

金声玉振坊

孔庙平面图

古建筑

13

曲阜孔庙，位于曲阜明故城内，是我国历代封建王朝祭祀春秋时期思想家、政治家、教育家孔子的庙宇。

孔庙始建于孔子死后的第二年（前478年），弟子们将其生前"故所居堂"立为庙，"岁时奉祀"。其后，历代王朝不断加以扩建，计大修15次，中修31次，小修数百次。汉代时，祭祀孔子列入国家祀典，孔庙由国家进行维修。唐代已初具规模，有庙门、正殿、两庑、寝殿等建筑。宋代扩大为三路布局四进院落。明清两代多次重修扩建，奠定了现有规模，建筑仿皇宫之制，共分九进庭院，三路布局，贯穿在一条南北中轴线上，左右对称，布局严谨，形成了一组具有东方建筑特色、规模宏大、气势雄伟的古代建筑群。

孔庙南北长达1130米，东西最宽处约168米，占地面积约15万平方米。前三进是引导性庭院，只有一些门亭石坊，院内遍植成行的桧柏，浓荫蔽日，第四进以后的庭院，建筑雄伟，气势壮观，是孔庙祭祀活动的主要场所。整个建筑群包括五殿、一阁、一坛、两庑、两堂、十七座碑亭，共412间，分别建于金、元、明、清和民国时期。

孔庙还是我国著名的碑林，保存有汉代以来历代碑刻千余块，既有封建帝王追谥、加封、祭祀和修建孔庙的实录，也有达官显贵、文人学士谒庙的诗文题记，文字有汉、蒙古、八思巴、满文等，真草隶篆，蔚为大观，是研究封建社会政治、经济、文化、艺术的珍贵史料。孔庙的石刻艺术品还包括所收藏的汉画像石90余块以及反映孔子一生行迹的120幅石刻孔子圣迹图。

孔庙，这一具有东方建筑特色的庞大建筑群，面积之广大，气魄之宏伟，时间之久远，保存之完整，被古建筑专家称为世界建筑史上的孤例。它凝聚着历代万千劳动者的血汗，是我国古代劳动人民智慧的结晶。1961年3月4日被国务院公布为第一批全国重点文物保护单位，1994年12月17日被联合国教科文组织列入世界文化遗产名录。

圣时门　始建于明永乐十三年（1415年），3间，明弘治年间扩为5间，中设3券拱门。清世宗于雍正八年（1730年）钦定孔庙正门为"圣时门"。"圣时"二字取孟子赞颂孔子语"孔子，圣之时者也"，意为在圣人中孔子是最适合时代者。

奎文阁 是我国著名的木结构阁楼之一。始建于北宋天禧二年（1018年），原名"藏书楼"，金明昌二年（1191年）重修时改名奎文阁，"奎"是古代所称二十八星宿之一，有星16颗，图像似"文"字之形，故有"奎主文章"之说，后人进而把奎星演化为文官之首。现存建筑为明弘治十七年（1504年）重建，采用层叠式木架结构，匾额为清代乾隆皇帝御书。

15

十三碑亭 孔庙内存有金代碑亭2座，元代碑亭2座，清代碑亭9座，计13座碑亭，金代碑亭是孔庙现存最早的建筑。13碑亭内存有唐、宋、金、元、明、清历代碑刻50余块，多是历代皇帝对孔子追谥加封的诏告、拜庙祭祀的祭文和修建孔庙的记事碑。御碑以赑屃驮跌，体积硕大，颇为壮观。

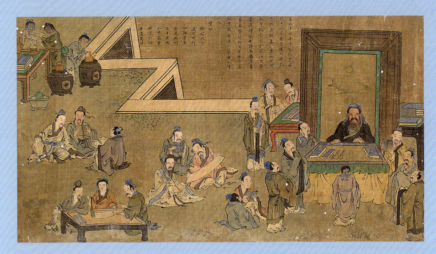

杏坛　原为孔庙御赞殿旧址，宋乾兴元年（1022年），以《庄子·渔父篇》中记孔子"休坐乎杏坛之上，弟子习书，孔子弦歌鼓琴"之记载，及传孔子于杏坛设教。故"除地为坛，环植以杏"，设"杏坛"以纪念孔子聚徒授教之盛事。金代重修孔庙时在坛上建亭，立有党怀英手书"杏坛"碑刻一通。现亭为明隆庆三年（1569年）重建，匾额为清代乾隆皇帝所书。

诗礼堂 始建于宋代。原为宋真宗大中祥符元年（1008年）拜谒孔庙驻跸之所，后供孔氏族人祭祀时斋居，并做讲学之用。金代重建，明弘治时，为纪念孔子教育儿子孔鲤学《诗》学《礼》命名诗礼堂。明弘治十七年（1504年）因东庑东迁，诗礼堂也"稍迁而东"重建。清代时祭祀前在诗礼堂习演礼仪，清圣祖、高宗祭祀孔子时曾在此听孔子后裔讲解经书。

故宅井 在孔子故宅处，相传为孔子当年的吃水井，水"既清且渫"，被称作"圣水"。明代在故井四周修栏立碑。井西建有黄瓦四角碑亭，立有乾隆所题"故宅井赞"碑。

鲁壁 秦"焚书坑儒"时孔子九代孙孔鲋把《论语》、《尚书》、《孝经》、《礼》等古籍藏于墙内，至汉武帝年间，鲁恭王刘馀为扩建宫室拆除孔子故居时，闻有丝竹之声，在墙内发现这些古文竹简。为纪念这一文化史上的重要发现，明代建此墙并立石碑曰"鲁壁"。

古建筑

龙柱 大成殿四周廊下环立28根镌花擎檐石柱，均以整石雕成。前面十根为深浮雕，原为明弘治十三年（1500年）敕调徽州工匠刻制，现为清雍正二年（1724年）火灾后重刻，雕刻精美，是我国著名的石雕艺术品，更是曲阜孔庙石刻艺术之瑰宝。

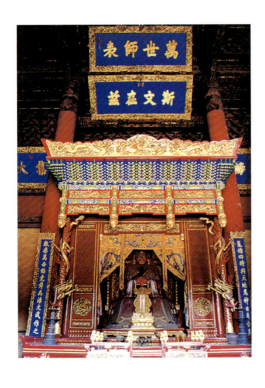

大成殿 孔庙主体建筑，为祭祀孔子的殿堂，宋天禧二年（1018年）始建，崇宁三年（1104年）宋徽宗命名为"大成殿"，明成化十六年（1480年）扩为九间。现殿为清雍正二年（1724年）重建，面阔9间，深5间，以示九五之尊之意。东西50.2米，南北33米，高27.3米，前有月台。重檐九脊、黄瓦飞甍、歇山顶规制，斗拱层叠，四壁回廊下，巨型石柱擎檐，前檐十根深浮雕盘龙石柱最为著名。"大成殿"匾额为清代雍正皇帝所书。殿内供奉孔子及四配十二哲神龛塑像，及祭祀礼乐器，上悬挂清朝历代皇帝御赐"万世师表"、"斯文在兹"等巨匾、对联等。

古建筑

孔 府

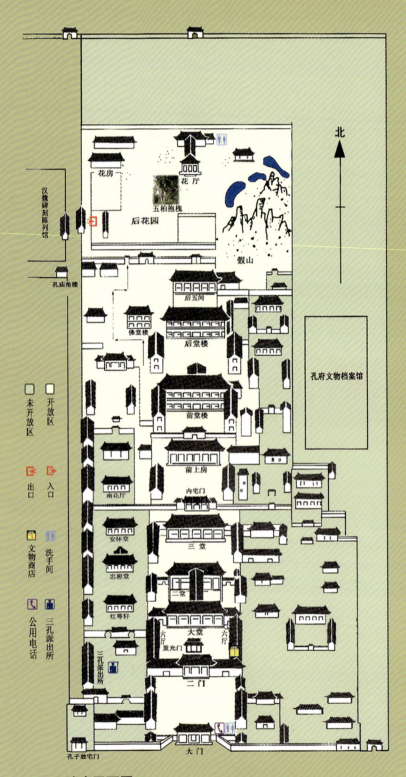

北

汉魏碑刻陈列馆

花房

花厅

花厅

五柏抱槐

后花园

假山

孔庙角楼

后五间

佛堂楼

后堂楼

孔府文物档案馆

前堂楼

前上房

内宅门

南花厅

安怀堂

三堂

忠恕堂

二堂

红萼轩

六厅 大堂 六厅

重光门

三孔派出所

二门

孔子故宅门

大门

☐ 未开放区
☐ 开放区

↦ 出口
↤ 入口

文物商店

洗手间

三孔派出所

公用电话

孔府平面图

孔府位于曲阜城中，孔庙东侧，本名衍圣公府，是孔子嫡长孙居住的府第。"衍"本指水的广布、长流，后引申为展延。"衍"，就是展衍圣道、圣绪。衍圣公是北宋至和二年（1055年）宋仁宗赐给孔子四十六代孙孔宗愿的封号。这一封号子孙相继，整整承袭了32代，历时880年。远在这封号以前，自西汉中央集权建立后就开始对孔子一再追封，对其后代也一再封赐。最初汉高祖刘邦封孔子的九代孙孔腾为奉祀君；汉元帝将孔子的十三代孙孔霸封为关内侯，赐食邑800户，黄金200斤，宅一区，并世袭封爵；汉平帝时，将孔子十六代孙孔均的食邑增为2000户；历经魏晋南北朝，又有宗圣侯、奉圣亭侯、崇圣大夫等封号；唐玄宗开元二十七年（739年），追谥孔子为文宣王时，将孔子三十五代孙封为文宣公，并宣布圣人之后，不予庸调；宋仁宗至和二年（1055年）才将四十六代孙孔宗愿由文宣公改封为衍圣公。衍圣公是我国封建社会享有特权的大贵族。宋代时相当于八品官，元代提升为三品，明初是一品文官，地位仅次于丞相。丞相制度被废除后，又"班列文官之首"，到了清代，衍圣公不但班列阁臣之上，还特许在紫禁城骑马，在宫中的御道上行走。封建皇帝又多次赐给衍圣公大量祭田，蠲免各种赋税、差徭。袁世凯称帝后，马上下令"所有衍圣公暨配祀圣贤后裔，膺受前代荣典，均仍其旧"。1935年，国民政府将孔子七十七代孙孔德成改为大成至圣先师奉祀官，给以特任待遇。

孔子的嫡系长支为奉祀孔子，多住在阙里故宅，称袭封宅，后来晋升为公爵，才有较大的府第。明太祖朱元璋令衍圣公设置官署，同时又特命在阙里故宅以东重建府第，清代又进行了较大规模的重修，从而达到现在的规模。孔府占地面积约180亩，共有厅、堂、楼、房等建筑560间。三路布局，九进院落，东路即东学，建有一贯堂、慕恩堂、孔氏家庙及作坊等；西路即西学，有红萼轩、忠恕堂、安怀堂及花厅等；孔府的主体部分在中路，分前后两大部分，前为衙署，后为内宅，最后是花园。

孔府内保存了大量的珍贵文物、资料，从封建王朝所赐帝后墨宝、御制诗文、儒家典籍、礼乐法器、文房四宝，到衍圣公着意收藏的孔子画像、元明衣冠、玉瓷古玩等等，藏品达10万余件。其中最为驰名的文物还有明清文书档案26万余件，是中国数量最多、时代最久的私家档案。

孔府1961年被国务院公布为第一批全国重点文物保护单位，1994年被联合国教科文组织列为世界文化遗产。

古建筑

23

重光门 又称"仪门"或"塞门",明代建筑,因上悬明嘉靖皇帝朱厚熜御赐"恩赐重光"匾额而得名。平时关闭,只有在皇帝驾临、迎接圣旨或重大事项时,才鸣礼炮开启。

大堂 本名作圣堂,府内官衙的主体建筑,是当年衍圣公宣读圣旨、接见官员,祭祀时填祝发榜等,举行重大仪式的地方。

二堂 又称退厅，是衍圣公大堂礼毕奉茶小憩之处。东间为启事厅，负责收发公文，内禀外传；西间为伴官厅，负责衍圣公晋京朝觐事宜。

三堂 衍圣公会见四品以上官员、处理家族内部纠纷和执行家法的地方。上悬乾隆皇帝御赐孔子七十一代孙孔昭焕的高祖母，诰封一品公夫人黄氏的"六代含饴"匾额，为庆六代同堂之幸事所书。

古建筑

前上房 接见至亲和近支族人的客厅，也是举行家宴和婚丧仪式的场所。前上房内正中高悬"宏开慈宇"的大匾，中堂之上悬有慈禧亲笔"寿"字。

前堂楼 孔府内宅中主楼，现布局复原七十六代衍圣公孔令贻及三位夫人的卧室陈列。

后堂楼　现布局复原七十七代衍圣公孔德成1936年大婚时场景。堂中陈列着孔德成结婚时的用品，以及当时友人赠送的字画和礼品。东里间为当时的接待室，摆设着中西结合的家具，东墙右侧挂有著名京剧艺术家梅兰芳先生的"牡丹"画轴。

红萼轩　清代建筑，原是衍圣公习字读书和会客的地方，悬匾"正学昌明"选自清代嘉庆皇帝在孔庆镕奏折上的批语。

忠恕堂　是衍圣公学诗学礼之处。六十七代衍圣公孔毓圻据《论语·里仁篇》中："夫子之道，忠恕而已矣"命名。

孔府后花园　创建于明弘治十六年（1503年），为"府第"私家园林，由时为"大学士"的李东阳监工设计，后经多次扩建增容达现存规模。清嘉庆年间因七十三代"衍圣公"孔庆镕在园内置入奇异矿石，故又名"铁山园"。

花园凉亭

五柏抱槐 树龄四百余年的自然生长奇观，为花园一景。因在"圣人之地"出现，人们赋予了团结、和谐的生活理念。

孔府后花厅

寝殿

杞国公寝殿

杞国公殿

复圣殿

乐亭

西庑 东庑

退省堂

杞国公门

仰圣门

退省堂门

明碑亭 明碑亭

复礼门

归仁门

克己门

陋巷井

约礼门

博文门

复圣门

优入圣域坊

卓冠贤科坊

复圣庙坊

颜庙平面图

复圣殿

颜庙位于曲阜市区明故城内,是祭祀孔子的弟子颜回的庙宇。颜回,字子渊,因他安贫乐道、德行高深而被推为孔门弟子第一人。唐太宗贞观二年(628年)尊颜回为先师,唐玄宗开元二十七年(739年)追封为兖国公,元文宗至顺元年(1330年)又加封为兖国复圣公。至此,颜回便被尊称为复圣,后人在孔庙东侧的陋巷故址专门为他建了一座庙宇,依时香火供奉。颜庙又被称为复圣庙。

颜庙,据《陋巷志》记载,在陋巷故址上建庙,是从汉高祖刘邦东巡过鲁祭孔同时祭颜子祠开始的,后经唐、宋、元、明、清各代屡加重修和扩建,到万历二十二年(1594年),颜庙即达现存规模:占地面积35亩,殿、堂、亭、庑、门、坊等159间,前后五进院落,分中、东、西三路。颜庙内还有碑碣60余块,古树30余株。现在的颜庙主要建筑有:复圣殿、寝殿、两庑、杞国公殿、退省堂、乐亭、陋巷井亭、正德碑亭、正统碑亭、复圣门、归仁门、仰圣门、克己门、复礼门、博文门、约礼门、杞国公门、见进门、复圣庙坊、卓冠贤科坊、优入圣域坊、陋巷坊等。

颜庙的历史和建筑规制仅次于孔庙,是儒家先贤祠庙的典型代表。复圣庙坊东西两侧各有一个由石坊和石栏组成的封闭空间,是一种少见的建筑形式。杞国公殿的木架斗拱等既具有宋代建筑特点,又具有元代风格,对研究我国古代建筑艺术的发展历史有着较高的历史、艺术与科学价值。

1977年颜庙被公布为山东省文物保护单位,2002年被公布为全国重点文物保护单位,2007年作为"三孔世界遗产扩展项目"列入国家世界遗产预备名单。

陋巷井

碑亭

乐亭

复圣庙坊

曲阜

古迹通览

尼山孔庙及书院

北 ↑

尼山孔庙及书院平面图

尼山孔庙及书院位于曲阜市南辛镇夫子洞村前。据《魏书·地形志》记载："鲁县有叔梁庙"。唐《括地志》记载："叔梁纥庙亦名尼山祠，在兖州泗水县五十里尼山东址"。五代后周显德（954年—960年）年间，兖州太守赵侯于尼山再建庙祀。宋庆历三年（1043年），孔子四十六代孙袭封文宣公孔宗愿立尼山庙学学舍，置祭田。金明昌五年（1194年），以维修孔庙羡田四千余贯，兴工大修。形制与今庙基本相同。元至顺三年（1332年），五十四代衍圣公孔思晦上书重修，至元四年（1338年），廉访金事杨讷等捐资重建。至正十四年（1354年），又增塑四配像。明洪武十年（1377年）重修。据明张敏《重修尼山庙记》记载，明永乐十五年（1417年），五十九代衍圣公孔彦缙等"鼎新重建，正殿三间，高广如制。明弘治七年（1494年）、万历十七年（1589年）先后重修。清康熙十三年（1674年）、雍正二年（1724年）、乾隆二十年（1755年），先后三次重修。清道光二十六年（1846年），七十四代衍圣公孔繁灏奏请朝廷，拨银三万一千五百五十两重修。新中国成立后，尼山建筑群的建筑、碑刻、古树、环境受到充分的重视、修缮和保护。

尼山孔庙及书院建筑群包括尼山孔庙和尼山书院两部分。尼山孔庙横分三路，五进院落，殿堂共计80余间。前为石构棂星门，门前石桥旁建碑亭，立有《重修尼山孔子庙记》碑。门前东侧临崖处，相传孔子在此观五川汇流，有后人建木构"观川亭"。《论语》载："子在川上曰，逝者如斯夫！"即指此地。观川亭东侧崖下有"坤灵洞"，因孔子在此降生，故称"夫子洞"。大成殿5间，单檐歇山，顶覆黄琉璃瓦，虽系清代重建，仍保留元代木构风格。东西两庑各5间，寝殿5间，东路有讲堂、照壁、土地祠。西路有启圣殿，祀孔子父叔梁纥。后为寝殿，祀孔母颜氏。毓圣侯祠位于中路西北部，奉祀尼山神。书院在庙东北百余米处，周围垣墙，书院大门南向，院内有正房5间，五檩四柱前后廊式木架，灰瓦硬山顶，东西厢房各5间。系当年讲学授业和纪念孔子的处所。整座建筑群占地约1.6公顷，有殿、堂、祠、亭等大小建筑27座，81间，建筑面积1700平方米。

尼山孔庙及书院，1977年被公布为山东省文物保护单位，2006年被公布为全国重点文物保护单位，2007年作为"三孔世界遗产扩展项目"列入国家世界遗产预备名单。

古建筑

棂星门 尼山孔庙的第一道大门，建于11级石级的高峻平台上，是一座三间四柱冲天柱式石坊。柱为八棱体，以石鼓抱。上镌云朵，柱首莲花座，中二柱饰圆雕石狮，侧二柱饰花瓶。坊高11米，宽6.4米，明间额坊刻"棂星门"三字，建于清道光年间。

观川亭 位于尼山孔庙东南隅，东临沂水，相传孔子曾在此观川感叹。《论语·子罕》记有"子在川上曰：'逝者如斯夫，不舍昼夜'"。他以川水象征时光的流逝——人会很快老去，应该争朝夺夕像江河那样不舍昼夜地努力，及时奋进。此亭始建于金代，今亭为清代重修。

启圣王殿 为祭祀孔子父亲叔梁纥的地方，清代建筑，殿5间，长15.45米，宽8.53米，七檩四柱前后廊式木架，前出廊，无斗拱，绿瓦歇山顶，殿内原祀启圣王木主。

尼山孔庙大成殿　　清代建筑，殿5间，阔18.57米，深10.57米，单檐黄瓦歇山顶，四柱前后廊式木架，前出廊，擎檐为八角形石柱，遍镌小幅云龙，檐下用五踩重昂斗拱。室内中置神龛，供孔子塑像，东西两侧以颜回、曾参、子思、孟子配享，也为塑像，外罩神龛。院内立有四块石碑：元至元五年（1339年）所立《尼山书院铭碑》、元至正十四年（1354年）所立《尼山大成殿四公配享记碑》、清道光二十九年（1849年）所立《重修尼山书院纪恩碑记》、清康熙十七年（1678年）所立《重修尼山书院碑记碑》。

尼山书院

明伦堂

夫子洞 相传为孔子出生处。孔子父亲叔梁纥为鲁国陬邑大夫，娶颜氏女征在为妻，颜征在娘家为尼山东南的颜母庄。关于夫子洞有两种传说：一说颜征在在回家的途中临产，急切中将孔子产于此洞中；一说孔子生来丑陋，其父将其遗弃，后被老虎衔入洞内喂养。天气炎热，老鹰用翅膀为孔子扇凉。所以又有"凤生虎养鹰打扇"的美谈。夫子洞汉代时名孔渎，金代名坤灵洞。今洞深约3米。南侧一石形如石床，床上高出一块形如石枕。

山东省文物保护单位

周公庙

　　西周政治家周公姬旦的祠庙，位于曲阜市鲁城街道周公庙村北的高地上，相传为鲁国太庙遗址。周公，姓姬，名旦，武王之弟，封于曲阜为鲁公，未就，留佐武王。北宋大中祥符元年（1008年），追封周公为文宪王，命曲阜新建周公庙。元明清历代均有重建改建。周公庙占地面积1.6万余平方米，庙前有神道，两侧尚存古柏。原有殿、亭、门、庑21座，现存13座。棂星门为庙之正前门，原为石砌牌坊，清乾隆年间改为木构。两侧各立石坊，东曰"经天纬地"，西为"制礼作乐"。承德门、达孝门是第二、三道庙门。康熙御碑亭立于达孝门之前。元圣殿是周公庙的正殿，面阔5间23.7米，进深3间12.26米，通高11.81米，单檐歇山，顶覆绿琉璃瓦，斗拱用重昂五踩。殿正中有木雕神龛，内祀周公塑像，上悬"明德勤施"匾额，两侧金柱悬有乾隆御书木刻楹联。东侧另有一木龛，祀周公之子伯禽塑像，西侧立金人塑像。殿侧有清代《金人铭》碑。两庑分列于殿前东西两侧，均五间，奉祀伯禽以后的历代鲁公。1977年被公布为山东省文物保护单位。

洙泗书院

  洙泗书院位于曲阜城东北4公里处的泗河南岸，汉代至宋、金时名"先师讲堂"，相传孔子曾在此删诗书、定礼乐、系《周易》、作《春秋》，是孔子周游列国归鲁后修书讲学的地方。当年孔子弟子三千，贤者七十二，讲学地点有文字记载的可稽多处，洙泗书院便是其中之一。现存书院始建于元至元年间，为曲阜知县孔克钦在旧地重建，因书院处在洙、泗之间，故名为"洙泗书院"。初建时有礼殿、讲堂、门庑、斋庖等建筑，明清两代多次修葺。至乾隆时，庙制已有大成殿5间，祀先圣、四配、十二哲，东西屋各3间，前为讲堂3间，又前为书院3间，四周缭以重垣。已具现存规模。书院占地约1.94万平方米，前有神道，成三进院落，三路布局。中路有大门、讲堂、正殿、两庑。东路更衣室、斋厅、茶房及西路礼器库、庖厨均倾圮。院内古柏参天，深幽雅静，成为重要的孔子活动纪念地。1985年被公布为济宁市文物保护单位，1992年被公布为山东省文物保护单位。

古建筑

41

九仙山建筑群

　　九仙山建筑群位于曲阜市吴村镇九仙山上，创建于明代，清代进行大规模扩建。清康熙八年（1669年）衍圣公孔毓圻主持在山上建造了碧霞元君殿、玉皇殿及观音堂等建筑。以后多有重修扩建。但历经风雨沧桑，现仅存一天门、二天门旧址、南天门天梯、王母行宫等建筑。1997年文物部门与当地政府出资重新修建了红门宫、三清殿、三天门、南天门等建筑，并重新塑像，对外开放。红门宫建在高台之上，为三合小院，其中正房、两厢各3间，正房内供碧霞元君塑像。三清庙，有正祠3间，称三清殿，内供玉清元始天尊，上清灵宝道君，太清太上老君，前接卷棚，单檐歇山式建筑，灰瓦罩顶。殿东部约3米处建有一阁，石质结构，也为3间。北部有"拨云观"石坊1座，单间，石坊对面有石屋3间，木门上方镶嵌一石额，上刻"西王圣母行宫"，为供奉西王母的祠堂。由王母宫向西偏北约100米处为三天门，建于13层台阶之上，券门形式，砖石结构。向北拾级90级为中天门，现仅存遗址。再登66级即为南天门。南天门为一砖石结构拱门，门前有陡峭的十八盘阶梯，入门迎面为一影壁墙，对面即为碧霞祠，有正祠5间，前出廊，内正中供碧霞元君塑像，东西两边分别供眼光神和送子神塑像。东西配房各3间，硬山式建筑，灰瓦罩顶。

　　1997年成立了九仙山文物管理所，实施对文物的日常保护管理。2006年被公布为山东省文物保护单位。

曲阜明故城城楼

　　曲阜明故城城楼，位于曲阜市明故城南门、北门之上，是明故城南门、北门的城门楼。南门为仰圣门（后改为万仞宫墙），其城门楼始建于明正德八年（1513年），进深3间，面阔5间，四周有廊，重檐歇山顶，灰瓦、筒瓦覆顶，施清式旋子彩绘。北门名为延恩门，1947年改嵌"仰圣门"额，北门城楼始建于明正德八年（1513年），进深3间，面阔5间，四周有廊，重檐歇山顶，灰瓦、筒瓦覆顶，施清式旋子彩绘。南北城门的瓮城均始建于明正德八年（1513年），呈半圆形，是古代城市主要防御设施之一。2006年曲阜明故城城楼被公布为山东省文物保护单位。

四基山观音庙

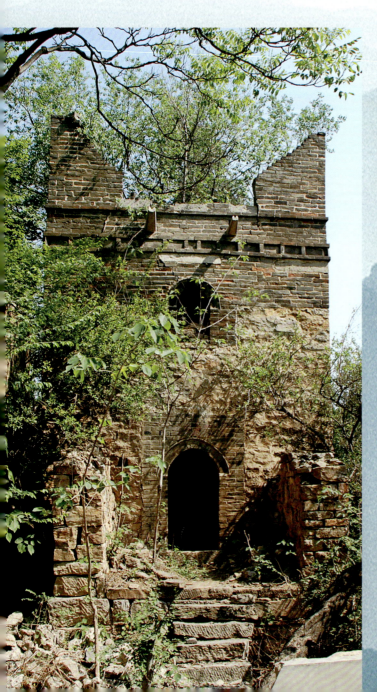

四基山观音庙位于曲阜市南辛镇大烟庄村南四基山上，始建于明代，清代多次进行维修，庙在山套内，东、西、南三面环山，北面为山口，由此进山往南约500米处，即是庙院。庙院靠西山根，坐北面南，前后三进院落，过小桥有山门1间，山门两层，上为魁星楼，四面开窗，灰瓦顶，山门东侧有钟楼1座，为乾隆三十一（1766年）年所建，钟楼上嵌有《建钟楼碑记》1块。二门1间，拱券顶，二门东侧有厨房1间，进二门即为庙主院所在，前为照壁，后为观音殿，又称菩萨殿，大殿3间，前有卷棚3间，卷棚内立有石碑数通，大殿内塑观音坐像。过大殿为第三进院落，院内正后方为玉皇阁，阁方形，两层，内塑玉皇大帝像，为乾隆二十五年（1760年）重修。1986年四基山观音庙被公布为曲阜市文物保护单位，曲阜市文物管理局2003年设立四基山文物管理所并派专人管理。2006年被公布为山东省文物保护单位。

石门寺建筑群

石门寺建筑群位于曲阜市董庄乡石门山上。其建筑始建年代不详，宋元时称全真观，是峄山道场的下院。元至正十年（1350年）重修。明景泰七年（1456年）重建为佛寺，更名玉泉寺，习称石门寺。后多次修葺，1937年大修。原有门、楼、殿、堂、阁、亭等各种古建筑70余间，现仅存山门及佛殿一组，造型简约，均为后世改建重修后的建筑。山门处于寺院以西略南，底层为石砌基台，正中南北向辟门，上层3间，灰瓦硬山顶。佛殿为四合院式，正殿5间，前有出廊，单檐硬山，顶覆灰瓦，后出卷棚倒座。殿正中供奉三世佛塑像，释迦牟尼居中，药师佛、阿弥陀佛分居左右，两侧分塑十八罗汉，主佛背面雕塑观音菩萨，大殿内墙壁上还绘有佛家、道家的壁画。大殿有两厢，各3间，东厢供关公，以关平、周仓为侍，西厢供阎王。南天门居正殿之前，左右与钟鼓楼相接，均为单间两层，灰瓦硬山，门顶略有高出。正殿后有藏经楼、鹤梦楼及僧舍等建筑。西侧正房内现有孔尚任纪念展览，介绍孔尚任家世、生平、交游、著述等情况。另外在寺周围有石碑数幢，为明、清、民国年间修葺寺庙的纪实。在山门西北处有"孤云草堂"3间，为孔尚任隐居旧址，相传清初孔尚任于此著作《桃花扇》和《高山灵文》赋。

古建筑

　　石门寺建筑群自修建以来，历代均有维修养护。明改寺院后，有寺僧专门管理。清时寺僧已达百余人。建国后，无专人看管。1992年，曲阜市文物管理委员会对山上破坏严重的古建筑进行了全面修复，并重新塑像，对外开放。1985年被公布为济宁市文物保护单位，1993年成立了石门山文物管理处，负责对古建文物的保护管理工作。2006年被公布为山东省文物保护单位。

曲师礼堂及教学楼（含考棚）

　　曲师礼堂及教学楼（含考棚）位于曲阜明故城内西南部曲阜师范学校院内，始建于民国初年，是当时山东省立第二师范学堂的早期建筑，当时建筑具有中西合璧的鲜明特点。礼堂是山东著名教育家范明枢1920年在任时所建，拱顶式瓦面建筑，南北长34.6米，东西宽15.8米，是当时进步师生进行集会演讲等活动的主要场所。曲师教学楼是山东著名抗日烈士张郁光1931年时所建，德式两层砖木结构建筑，东西长34米，南北宽19.8米，是学校当时最主要的教学场所。考棚为清代典型的三进式府衙建筑，始建于明代，清代重修。明代以前为都察院行署，清康熙五十一年（1712年）改为兖州府考试东棚，光绪三十一年（1905年）停科举，考院改设师范学校，为曲阜师范学校的前身。考棚坐北朝南，占地面积约5200平方米。中为大门、仪门、门外有照壁。东西有辕门，辕门外有栅栏，两旁有鼓吹亭、旗台、巡捕厅。大门内设考棚，四面明厅，前甬道两旁是号舍，考棚后为二门，门内依次为大堂5间、穿堂3间、三堂5间，三厅三廊。现仅存仪门、大堂、穿堂等建筑，砖木结构。大堂面阔5间，进深3间，五架梁，前后廊，灰瓦硬山顶。

济宁市文物保护单位

明故城

　　曲阜明故城，又称曲阜庙城。坐落在周代鲁故城的西南角。城南临327国道，城西临104国道，城北靠近孔林，城东是周公庙高地，略呈方形。明代曲阜城，开创了"庙"与"城"整体建设的新格局，是曲阜城市发展史上的里程碑。明正德六年（1511年），刘六、刘七领导的农民起义军攻下了曲阜城，焚烧官衙，闯进孔庙，"秣马于庭，污书于池"。东兖道佥事潘珍上疏皇帝"移城卫庙"。正德皇帝准奏，开始建设曲阜砖城。至嘉靖元年（1522年）竣工，历时十年，耗银三万五千八百余两。从此时起县治由鲁城以东的旧县治所，迁往阙里，治所安排在孔庙围墙外。曲阜"移城卫庙"，并不仅仅意味着围绕孔庙、孔府、颜庙、陌巷建起一座新的砖砌县城，也不仅仅意味着县治由旧县迁往阙里。而在于这一举措使曲阜庙城功能发生了具有历史意义的变迁，使孔庙为中心的祀事功能和孔府的府第功能与县治的政治、军事、经济、文化功能相互融合在一起，相互依赖，不可分开。1986年被公布为曲阜市文物保护单位，2000年被公布为济宁市文物保护单位。

曲阜市文物保护单位

曲阜县衙

位于曲阜市西门大街路北(现曲阜党校内),始建于明正德九年(1514年),原占地19.5亩,清制旧有五厅五楹及一些配房、监狱等,共118间。现仅存二堂5间,东西长19.7米,南北宽9米。男监早年被拆,女监于1999年拆除。为研究早年曲阜县衙的建筑结构提供了重要的实物资料。1986年被公布为曲阜市文物保护单位。

颜翰博府

位于曲阜市颜庙街路北。颜翰博是颜回的嫡长裔,明、清时被封为翰林院五经博士,俗称颜翰博。明天顺六年(1462年),特授颜希仁长子颜仪为翰林院五经博士,之后于颜庙东侧建府第,由于历代翰林院五经博士的相袭,故称其为"颜翰博府",简称"博士府",俗称颜府。颜府紧接颜庙东墙而建,南北长190米,东西宽45米,五进院落,占地约4亩,全部建筑共48间房。20世纪50年代初,颜府建筑已逐渐破败损毁。至70年代,曲阜市印刷厂迁入后,原有建筑基本无存,现有建筑大门、二门、前后堂屋为2002年恢复重建。2001年施工时发现"钦赐田役记"碑一通,碑立于明成化年间(具体年代不详),碑高1.3米,宽0.68米,厚0.23米,记述了为颜孟二氏子孙钦赐田地、佃户事宜。1986年被公布为曲阜市文物保护单位。

北十府

位于曲阜市鼓楼北街路西（现第二人民医院院内），始建于乾隆末年，为孔氏家族五府近支孔宪均府第，又称小五府，原为三进院落，现仅存前厅及耳室，硬山，灰瓦覆顶，占地约138.64平方米。此建筑为研究清中期的历史建筑风格提供了实物资料。1986年被公布为曲阜市文物保护单位。

西五府

位于曲阜市实验小学内，乾隆末年衍圣公孔宪培五胞弟孔宪坤所建，1949年至今被作为学校使用，原有院落六进，建筑60余间，假山一座，现存中间四合院，其中正房3间，四梁十六柱，歇山、灰瓦、五脊六兽，台阶为垂带踏步，东西耳室各1间，东厢房、西厢房、南厢房各3间。1986年被公布为曲阜市文物保护单位。

十二府旧址

　　位于曲阜市东门大街路北，始建于清乾隆初年。原有七进院落，420余间房屋，占地约3万平方米，建国后改建为部队营房，原有建筑已全部拆除，仅存院墙。现故址部分墙基残存，属军事用地。现由济南军区曲阜房产管理处管理。1986年被公布为曲阜市文物保护单位。

孔广森故居

　　位于曲阜市东门大街路北，始建于清乾隆初年，原有四进院落，房屋40余间。现仅存正厅、东、西配房、耳房、正厅后西配房等14间，建筑为砖木结构，单檐硬山，灰瓦筒瓦覆顶，为孔子七十代孙孔广森的故居。又称"老十府"。孔广森，字众仲，是乾隆辛卯恩科进士，翰林院检讨，学究汉儒，著有《公羊通义》等著作。此建筑解放后被军队占用，现已废弃。1986年被公布为曲阜市文物保护单位。

古泮池（附文昌祠）

　　位于曲阜市明故城东南角，始建于周代，是鲁僖公办学的遗址，古代诸侯学校设半圆形水池，名泮池。西汉时泮池成为灵光殿建筑群的一部分。东汉末年，灵光殿被毁，泮池再次废弃。到明成化年间，六十一代衍圣公孔弘绪整修为别墅。至清乾隆二十年（1755年），改建为乾隆行宫。乾隆以后，行宫废弃，清末建筑陆续倒塌。光绪二十年（1894年），七十六代衍圣公孔令贻为抵制美国人建教堂，于池北建立了文昌祠。现存大门及正房，原有东西厢房，现仅存东厢房基址，西厢房基址被现代建筑占压。大门1间，正房面阔3间，进深3间，前有廊，屋檐有脊兽。古泮池经多年填淤，现存东西长196米，南北宽73.4米，水面面积1.4万平方米。1986年被公布为曲阜市文物保护单位。2007年曲阜市与法国雷恩市、西班牙圣地亚哥市出资对文昌祠进行了修缮。

韦家祠堂

位于曲阜市董庄乡韦家庄村内，始建年代不详，据记载原东西两院各有祠堂3间，内供牌位147座，西院有钟楼阁1座。现存正房9间，大门2座，东配房3间，围墙1周，面积约408平方米。院内原存明清碑刻5通，现仅存清代碑刻2通。为韦氏家族祭拜先祖之处所，其兴建留存为研究韦氏家族分布状况及当地的民风民俗提供了一定的实物资料。1986年被公布为曲阜市文物保护单位。

南辛石桥

位于曲阜市南辛镇南辛村内，该桥以汇尼山之水而名"尼津桥"，始建于清道光年间，1939年重修。因桥栏石板上刻有龙凤花纹又俗称"龙凤桥"，桥南北长17米，东西宽5.4米，弓形，跨度5.1米，两侧以石板为栏杆。1986年被公布为曲阜市文物保护单位。

彭庄玉皇庙

　　位于曲阜市南辛镇彭庄村东小东山上。庙
院1处，二层门楼1座，正殿3间，坐北朝南，现
仅存3间庙殿基址，为明代特点的构架。殿东西
面阔9米，南北进深4.4米，殿内原有玉皇神像1
尊，侍童4尊，两山墙塑护法韦驮4尊，后墙绘
五彩壁画，绘楼台殿阁人物。庙院平台南北长
23米，东西宽20米，原有碑刻7通，柏树70余
株。1986年被公布为曲阜市文物保护单位。

春秋书院

位于曲阜市息陬乡北息陬村内，原有大门3间，二门1间，门两旁各有掖门1间，二门内大成殿3间，东西配房各3间，全院红色围墙，南北长42米，东西宽35米。古建筑和原址上的 "孔子作春秋处" 碑以及建筑西北的春秋台都已被毁。原址南现有后人所立"孔子作春秋处" 碑刻1通。1986年被公布为曲阜市文物保护单位。

纸坊户祠堂

位于曲阜市姚村镇红新庄村南1公里处，始建于20世纪30年代，面阔三间，进深三间，为砖木梁柱结构，共四梁十六柱，施以彩绘。硬山，灰瓦筒瓦覆顶，屋脊有砖雕二龙戏珠，为孔祥熙出资所建。孔祥熙，山西省太谷县人，祖籍为孔氏纸坊户，为纪念先祖特出资兴建该家族祠堂。20世纪"文革"时期该祠堂遭到严重破坏。该祠堂的兴建留存从侧面反映出当时的历史背景同时也为研究孔氏家族分布状况提供了一定的实物资料。1986年被公布为曲阜市文物保护单位。

南关三官庙

　　位于曲阜市鲁城街道南关居委沂河路东，始建于清初，面阔3间，进深3间，庙内供奉"天官、地官、水官"三神，三官塑像"文革"时期被毁，已不存在。庙内绘有壁画，现已模糊不清，梁架结构，灰瓦筒瓦覆顶，屋正脊有二龙戏珠龙纹砖雕，中有砖雕"天下太平"四字，屋山下各有一砖雕山花，分别为"风""调""雨""顺"，板门，木棂窗，有后门。现仍有人在庙内烧香拜神，祈求平安吉祥。此庙现为曲阜明故城内唯一留存的反映当地民间信仰和精神寄托的宗教建筑。2010年被公布为曲阜市文物保护单位。

池涯吴氏民居

　　位于曲阜市鲁城街道池涯居委五马祠街中段，始建于清乾隆年间，为清道尹吴廷玉住宅，四合院式建筑，前后两进院落，后院有一老海棠树，第一进院落前房面阔3间，进深3间，前有廊，灰瓦筒瓦覆顶，西厢3间，面貌已基本改变，第二进院落现存后堂面阔3间，前有廊。西侧紧邻堂楼（绣楼）1间两层，灰瓦筒瓦覆顶，筒瓦扣花屋脊，木棂窗，东厢房3间，筒瓦板瓦覆顶，其原貌及布局基本未变。此院落的留存为研究本地区清代民居的建筑风格及布局提供了直观的实物资料。2010年被公布为曲阜市文物保护单位。

石泉庄玉皇庙

位于曲阜市董庄乡石泉庄村委院内，庙宇始建于明代。原有二进院落，明、清时期曾多次修缮，最近一次重修是1938年，后庙宇功能丧失，被作为私塾使用，新中国成立后改为石泉庄学校，至20世纪60年代，大门及二殿被拆除，现仅存玉皇殿1座，面阔3间，进深3间，长10米，宽6.5米。硬山，灰瓦筒瓦覆顶，屋脊有龙纹砖雕。廊前两石柱原为红漆木柱，1938年改为石柱，一面刻有吉祥图案，两石柱正面刻有"众神以玉皇为尊莅三千世界生成万物；诸经维心印最妙留二百余言化导群伦"对联一副，东柱西面和西柱东面刻有"上中下瑞色千条簇拥通明宝殿；精气神药物三品炼成不死金丹"对联一副。殿内原绘有壁画，现已被石灰覆盖，殿内原供奉有玉皇、观音等四尊神像，现已不存。2010年被公布为曲阜市文物保护单位。

管勾山山神庙

位于曲阜市息陬乡西夏侯村西管勾山上，始建于清中期，清乾隆五十年（1785年）重修，保留至今。庙南北长7.7米，东西宽4米，高2.5米，石质结构，面阔1间，进深1间，前为卷棚，卷棚东墙镶嵌有乾隆五十年（1785年）"重修卷棚记碑"一通，记述了修建卷棚的经过及对山神的敬畏，庙内原有石质神像。2010年被公布为曲阜市文物保护单位。

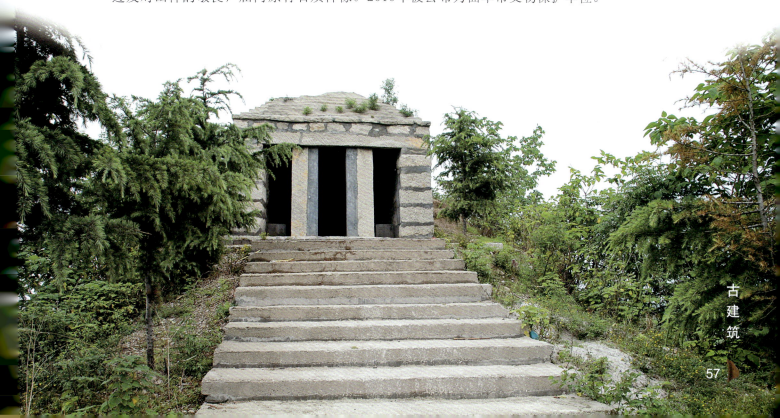

曲阜

古迹通览

西林西义井

位于曲阜市书院街道西林西村内，为一口边长 0.7 米的方形石砌水井。井深约 10 米，井壁为砖砌。该井始建于清嘉庆十七年（1812 年）六月，20 世纪 70 年代初废弃不用。井旁立有碑刻 1 通、辘轳石架 1 座，碑上刻有 "义井" 二字及挖砌该井的年代、捐资出工的人名。此井保留了当时社会民生原有气息，为研究本地区社会生活状态提供了原始资料。2010 年被公布为曲阜市文物保护单位。

北张阳天齐庙

位于曲阜市书院街道北张阳村内，始建于宋代，原名为 "东岳庙"，清代改名为 "天齐庙"。庙原占地600余平方米，有天齐殿、关圣殿、钟楼、配房、山门等建筑，现仅存天齐殿及5通碑刻。天齐殿面阔3间，进深3间，灰瓦筒瓦覆顶，殿门上方书有 "位崇东岳" 门匾1块。5通碑刻分别为：明弘治五年《重修东岳庙记》、明天启二年《东岳庙钟楼序》、清乾隆五年《重修天齐大殿及关圣殿并山门记》、乾隆十八年《重修天齐庙记》、清代《百堂折铸钟记》。此庙内涵丰富，并保留了五块记载修庙历史的碑刻，为研究本地区庙宇沿革及民间信仰习俗提供了珍贵的实物资料。2010年被公布为曲阜市文物保护单位。

峪西孔氏家祠

位于曲阜市吴村镇峪西村内，系峪西村孔氏族人的家祠，始建于清代。建筑面阔3间，前有走廊，木构架有彩画。东西长9.65米，南北宽5.2米，灰瓦筒瓦覆顶，硬山，木板门，直棂窗，正门上方有"大成殿"三字。该建筑保存状况一般，正脊、侧脊部分残损，屋面瓦件部分脱落，前面屋檐毁坏严重，彩画亦大部分剥落，20世纪60年代曾被该村用作仓库，现被村民用来堆放杂物。建筑内有碑刻6通，系该村孔氏族人的族谱碑，其中5通碑刻立于道光二十六年（1846年）十一月，1通立于宣统三年（1911年）十一月。该祠堂及碑刻的发现为研究孔氏家族源流及当地民间建筑艺术提供了珍贵的实物资料。2010年被公布为曲阜市文物保护单位。

黄土崖古禅台

位于曲阜市董庄乡石门山前、黄山山阴，为一座黄土堆砌的大型土台，南北长40米，东西宽31米，高约10余米，占地面积约1418平方米。据清乾隆年间孔尚任编修的《阙里志·古迹志》载："今少吴陵北有云云山，古无'雲'字，'雲'即'云'也，盖古帝王封禅之所"，"黄土崖在石门山下，古帝禅台也，土色如金，盖自远境运土筑成坛，今犹高三丈余。"由此可见此处为古帝王禅地之所。该古禅台由于常年的风雨侵蚀，造成部分封土流失。它的发现对于研究古代封禅文化具有特别重要的文物价值。2010年被公布为曲阜市文物保护单位。

四府故址

位于曲阜市五马祠街路北（保安公司院内）。四府，始建于清乾隆初年，系六十九代衍圣公孔继濩的堂弟孔继涵之子孔广闲的住所，原有院落四进，房屋50余间，占地2亩余。

现仅存正房与暖阁。正房面阔3间，东西长11.8米，南北宽7.8米，灰瓦筒瓦覆顶，前有廊，后紧接暖阁。暖阁面阔3间，灰瓦筒瓦覆顶，东西长8.9米，南北宽3.7米。整体保存完整，结构稳定，正房门、窗已更换。2010年被公布为曲阜市文物保护单位。

东鲁源刘氏民居

位于曲阜市南辛镇东鲁源村内，建于清代。总面积为178.6平方米，正房和东配房各1座，均面阔3间，进深3间，砖砌墙面，硬山，木质板门，条棂窗，条木门窗上沿有条石砌筑的窗台，前出厦，后有门。正房为灰瓦筒瓦覆顶，东西长11.5米，南北宽8.3米，建于高0.8米的台基之上，前有四级如意踏步，东西长2.3米，南北宽1.1米，高0.6米，东西山墙均有拱形门。东配房为仰瓦板瓦覆顶，叠瓦压脊，南北长11米，东西宽7.1米，前厦南北两端均开拱形门。该建筑形制规整，布局严谨，在当地实属少见，成为研究清代当地建筑形制及风格的重要参考资料，具有较高的文物价值。2010年被公布为曲阜市文物保护单位。

韩家铺华佗庙

位于曲阜市书院街道韩家铺村委院内，始建于清代，现仅剩大殿和卷棚，庙体全为石块垒砌而成。大殿面阔1间，进深2间，长1.22米，宽0.68米，高1.46米，庙内正中原供奉泥塑华佗像，两侧侍泥塑药童、药女。卷棚长1.22米，宽0.53米，高1.3米。庙顶石为坡顶，雕瓦纹，庙脊为石雕龙纹。2010年被公布为曲阜市文物保护单位。

林程店孔氏祠堂

位于曲阜市董庄乡林程店村内。祠堂面阔3间，长10.9米，宽6.15米。硬山，板瓦覆顶，前出厦，砖砌外墙、土坯内墙。据村民介绍，始建于道光年间。该建筑细部做法较为精致，具有较典型的清中晚期建筑风格，是研究当地建筑特色和民间习俗不可多得的实物资料。2010年被公布为曲阜市文物保护单位。

黄连山寨址

位于曲阜市南辛镇大王庄村南黄连山上，始建年代不详，现存山寨为清代所建，寨墙依山势而建，有北门、南门，原寨墙高3米，宽0.8米，东西长215米，南北宽165米，面积约27000平方米。现南北寨门已倾倒，残存寨墙最高处约2.5米，南部寨墙保存较为完整。山上原有十余座房屋皆倒塌，遗迹尚存。据当地村民反映此山寨为全村躲避战乱、匪患的场所。该山寨旧址的留存反映了社会历史的真实，为了解当时社会生活状况提供了实物资料，具有一定的历史价值。2010年被公布为曲阜市文物保护单位。

第二次全国文物普查发现未定级文物点

观音庙

位于曲阜市姚村镇杨家店村东，始建于清代。原为三进院落，庙中供奉观音塑像，现仅存大殿2座。南面大殿前出厦，东西长9.6米，南北宽7.1米，北面大殿东西长9.6米，南北宽4.1米。建筑面积为107.4平方米。灰瓦筒瓦覆顶，硬山，砖木结构，土坯里墙，砖砌外墙，内墙壁保存有部分壁画。

第三次全国文物普查新发现文物点

土门孔氏民居

　　位于曲阜市防山乡土门村内，始建于清代末年。现房主孔德生，为孔氏宗派60户中的时庄户，其先祖孔宪平曾跟随衍圣公进京并受到皇帝恩赐的匾额1块（现已遗失），其后世子孙在该村建三进院落，俗称"孔家大院"，当时占地约4000平方米，现仅存正厅3间，西厢房3间（已改建），大门、二门、三门各1间，旗杆石1对。正厅带厦，面阔3间，进深2间，东西长10.8米，南北宽5.4米，仰瓦板瓦覆顶，直棂窗、板门，门前有石供桌，大厅后经多次维修，保存较为完整。该民居的留存为了解、研究孔氏家族的历史及清代末年本地区民居的建筑形式及风格提供了珍贵的实物资料。

武家村武氏祠堂

　　位于曲阜市小雪镇武家村东南角，始建于明代，原为一四合院，现存正房和东配房各1座，均面阔3间，进深1间。正房东西长9米，南北宽4.65米，灰瓦筒瓦覆顶，栅栏式窗户，木板门。东配房南北长9.9米，东西宽4.7米，仰瓦板瓦覆顶，栅栏式窗户，木板门。该祠堂正房部分脊檐脱落，门窗部分腐朽，东配房墙面大部分脱落，土坯外露，南山侧脊损坏。祠堂前有一碑刻记载："自明迄今屡经重修"，碑刻长2.14米，宽0.8米，厚0.24米。此碑立于宣统元年（1909年），记述了武家祠堂修缮之事宜。碑刻原立于祠堂后，现移至祠堂前，局部字迹模糊。

大峪北阁山玉皇阁

位于曲阜市息陬乡大峪村北阁山上，始建于清。原有大门、院墙、阁楼等建筑，阁楼两层，上层为泥塑玉皇像，下层为石雕菩萨像，总面积约2824平方米。现存有阁楼底层，石质结构，面阔3间，皆为拱券门，东西长10米，南北宽3.5米。每间内均有石雕神像，西间石像残存下半身，为坐式像；中间石像为坐式无头残像，高1米；东间石像断为三截，只可看出轮廓。院墙、大门遗迹犹存。此庙宇代表了当时的宗教信仰倾向，石像雕刻有较高的艺术水准，拱券式楼阁庙宇在当地也较为少见。

东张古井

位于曲阜市防山乡东张村西北200米处，始建年代从井壁砌砖分析应为明代。井口为圆形，直径0.6米，由于年代较远，井腹部被挤压变形为椭圆形，直径约1米，薄砖砌筑井壁，石质方形井盖，中间有圆孔。此井当地俗称"黑子井"，并赋予其聊斋式的一段狐仙与人凄美的爱情故事，在当地广为传颂，因此人们给它蒙上浓郁的神话色彩：村内所有井口不得密封，井盖必须留有一孔以示对狐仙的追忆，此井水有明目之功效。故而对此井崇信呵护成为当地村民的自觉行为。此井的留存为了解研究当地民生民俗及精神理念提供了直观实体。

大官庄关帝庙

位于曲阜市防山乡大官庄村东，该庙始建于明代。历经多次重修至清乾隆时仍有大殿、山门、卷棚等建筑，至民国初期被用作私塾，解放后一直沿用，曾作为防山公社中学的前身"大官庄小学"，山门卷棚已不存在，大殿保存至今，正脊为板瓦扣花，硬山，板门，直棂窗。面阔3间8.8米，进深1间3.9米。由于常年没有经过有效修缮，后房顶部裸露，后墙体

开裂，部分倒塌，前沿瓦当及两侧脊部分脱落，结构尚较稳定。殿内东西山墙镶嵌碑刻2通，东碑高0.92米，宽0.75米，立于清乾隆五十八年（1793年），碑文记载了该庙修缮资金的来源及过程；西碑刻高1米，宽0.7米，立于乾隆十五年（1750年），碑文记载了对关公的崇敬及传承的责任感，卖掉庙内树木并集资修缮的过程。两通碑刻保存完好。

寻家村殷氏民居

位于曲阜市书院街道寻家村内，原为一四合院，始建于清晚期，民国时期部分被毁，现仅存1958年前廊被拆除的正厅，面阔3间，进深1间，东西长11米，南北宽5米。现存建筑结构稳定，前墙体上部有改建迹象，内部西间有保存完好的木质隔扇，灰瓦筒瓦覆顶（中间为三垄大型合瓦板瓦构件，意为无功名普通民居），板门，门两旁各有门神台，直棂窗。此民居一直有人居住，建筑较早且保存较好。

北公西村陈氏民居

　　位于曲阜市陵城镇北公村内，为陈氏兄弟所有，有两处院落，现存建筑建于清代，与宣村陈家大院为同一家族。东院落原有两进院落，解放后被充公为北公村粮库，现仅存正房5间。西院落原有两进院落，现仅存正厅及西偏房、西配房。现存民居部分板瓦损坏，用现代红瓦修缮。东院落部分被改建，西院落正厅屋山脊兽被损毁，部分廊柱底部腐朽。此民居的留存为了解认知本地区传统民居建筑风格及布局提供了直观的实物资料，具有较高的历史文化及建筑艺术价值。

宣村陈家大院

　　位于曲阜市小雪镇后宣西村内，始建于明代，后经历年扩建重修，至民国时已有六进院落，楼、堂、厅等房屋百余间及后花园一处。整个院落错落有致，古朴典雅。四周筑有土围墙，设东、西、南三个寨门。现存于王润怀家中一块民国二十六年（1937年）的碑刻中，记载了陈家大院由于战乱部分庄园被毁，其后人捐资修建的过程。整个院落毁于19世纪中

叶，现仅剩北过厅3间，深各3间，灰瓦筒瓦覆吉祥，屋顶瓦件部分脱山，面阔、进深各3间，有腐朽现象。石狮门枕为前。该大院部分建筑的留存当地民生、风俗提供了直东偏房3间，石狮门枕石1对。北过厅面阔、进顶，硬山。压脊砖雕刻有凤戏牡丹，意为富贵落，木构架彩绘被现代油漆覆盖。东偏房为硬灰瓦筒瓦覆顶，原瓦件部分脱落，木构件明代石雕，保存完好，现存于宣村小学门保留了一定的历史文化民俗信息，为了解观的研究资料。

西王家村古桥

　　位于曲阜市姚村镇西王家西村侧古河之上，始建于清代。原桥俗称"万家桥"，桥长6米，宽4.4米，高2米，四边桥翅长各9米，为三孔平板石桥，造型简洁、古朴、敦厚。随着社会发展，现此桥大部分已被新修路面覆盖，桥东部原立有清道光十二年（1832年）修桥记事碑1通，现碑刻已残，被移至桥西，垒砌于房屋墙体之中，部分字迹清晰可辨。此桥的留存为研究曲阜的河流、交通状况提供了实物资料。

西王家村颜氏民

　　位于曲阜市姚村镇西王家村北十巷8号，始建于清代。原为四合院，现仅存正厅，面阔3间，进深1间，东西长10.4米，南北宽4.8米，直棂窗、板门，门楣上有阀阅，门框底座为一对门枕石，上雕刻有微型狮头，浮雕麒麟、鹿等动物纹饰，仰瓦板瓦覆顶，硬山起脊，屋内为木质隔扇，门前有月台，显示出房主当时的功名。2006年维修后檐，保存较好，整体结构稳定。

西辛村孔庆臣故居

　　位于曲阜市姚村镇西辛村内，始建于清代，原有三进院落，为孔庆臣故居，后卖于村民宋恩尧。现仅存正房、东配房。正房面阔3间，进深2间，东西长11.4米，南北宽6.4米，灰瓦筒瓦覆顶，前有廊，直棂窗、板门。东配房面阔3间，进深1间，南北长9米，东西宽4.8米，仰瓦板瓦覆顶，直棂窗、板门。保存较好，结构稳定，四周为民居。孔庆臣（相传为黄埔军校最后一期学生）为当地名人，一生坎坷，命运多变。该故居的发现为研究孔庆臣生平及清代民居的建筑风格提供了一定的实物资料。

保安古桥

  位于曲阜市姚村镇保安村内，该桥从西向东编号为1-3号古桥，从建筑风格看同为清代所建，皆为砖石结构拱形平板石桥。1号桥为单孔拱形平桥，东20米有乾隆二十九年（1764年）重修石桥碑刻1通（残）。2号桥原为一座三孔拱形平桥，1976年新修道路时东部一孔被掩埋，现仅存两孔，已废弃不用。3号桥亦为单孔石拱平桥。该组古桥的留存为了解当时人们的生产生活活动、桥梁建筑艺术等提供了实物资料，具有较高的历史艺术价值。

柳庄古桥

  位于曲阜市吴村镇柳庄村内，始建于清代。为单孔平桥，桥体由四块石板组成，桥面长3.5米，宽2.4米，桥翅长5米。旧时为村民南行的主要通道，在桥南端原立有清代石碑2通，记载了村民集资捐款修建此桥的过程，碑刻现已遗失。由于近年来农村交通道路的发展，该桥的主要交通功能丧失，但仍在使用。此桥造型古朴、结构简洁。

柳庄古井

    位于曲阜市吴村镇柳庄村内，相传曾为春秋时期柳下惠使用，始建年代不详。井口呈圆形，直径1.7米，从井壁砌砖分析判断应为明代修葺，20世纪80年代，为取水安全井口砌成方形，沿用至今。此井的留存因在柳下惠故乡而彰显，备受村民关注，呵护有加。

彭庄孟氏祠堂

    位于曲阜市南辛镇彭庄村内，从建筑风格及建筑构件判断应为清末民初时的建筑，面阔3间，进深1间，东西长11米，南北宽5.2米，建筑占地面积约60平方米，仰瓦板瓦覆顶，直棂窗，板门。祠堂内立有民国四年（1915年）的重修孟氏祠堂碑1通，通高1.8米，宽0.7米，厚0.2米，碑文记述了亚圣后裔思本溯源而创立了孟氏祠堂，后经数次重修，清咸丰年间因捻军扰乱，大殿被毁，族人集资重修大殿、门楼。祠堂保存较好，结构稳定，现为生资公司农药化肥销售连锁店，碑刻部分字迹已模糊。

彭庄史氏民居

位于曲阜市南辛镇彭庄村内,始建于清末,为村民史广军祖上所建,使用至今。该建筑面阔3间,进深1间,东西长11米,南北宽5.6米,面积约62平方米。硬山,两边山花为砖雕"福""寿""康""宁"四字,仰瓦板瓦覆顶,正脊板瓦扣花,中有匾额式"吉星高照"砖雕,内坯外砖,木质板门,直棂窗。虽经数次维修但原有建筑风貌基本保存。正脊螭吻"文革"时损坏,东山墙体有开裂现象,门窗保持原貌,整体结构稳定。

西幔山娘娘庙

位于曲阜市南辛镇幔山西村内,始建年代不详,现建筑为清光绪年间重修。庙殿面阔3间,进深1间,东西长5.6米,南北宽3.5米,内设五个牌位,砖石结构,硬山,直棂窗、板门,灰瓦筒瓦覆顶。卷棚为梁柱结构,硬山,前后无墙体,面阔3间,东西长5.6米,南北宽2.7米,正面东西石质梁柱上阳刻一副对联:庙貌聿新固若泰山垂万古,神灵丕降宛然圣母护千秋。东西屋山各镶嵌1通碑刻,东为"四方施财题名",西为"重修娘娘庙碑记",碑文记述了该庙由来已久,咸丰九年(1859年)因白莲教及南捻军作乱被毁,光绪二十三年(1897年)由该村善士集资重修此庙的过程。上马石两级通高0.55米,方形石供桌面约1平方米。庙殿及结构稳定,保存较好,卷棚局部瓦件脱落,碑刻字迹清晰,石供桌仅存桌面,上马石保存完整。该建筑及附属物留存齐全,保存历史信息丰富,为了解研究本地区社会生活、民风民俗提供了直观实体,具有一定的历史文化价值。

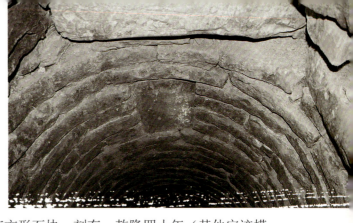

东幔山古井

位于曲阜市南辛镇幔山东村村民宋文发院内，始建于清乾隆四十年（1775年），该井直径约0.8米，深约10米，石质方形井口，常年取水，井绳磨出的痕迹清晰可见。井壁由青石垒砌，整齐完好，井壁北侧上端嵌有方形石块，刻有：乾隆四十年（其他字迹模糊不可辨）的字样，井腹大，口小。该古井的留存为研究本地区民生状态及风土人情提供了直观依据。

歇马亭天齐庙

位于曲阜市董庄乡歇马亭村北，庙宇始建于明代，至清代时已发展为天齐庙、华佗庙、真武庙等多类庙宇为一体。此地文化底蕴丰富，有谚语称："三层桥、阁上碑、庙中庙"，概括了当地丰富的文物资源。新中国成立后该庙宇被改建为学校用至20世纪90年代，后由于无人维护使用，庙宇大部分坍塌，原庙内墙壁上绘有壁画，庙会时十里八乡村民都来此烧香拜神，香火旺盛。现庙宇内残存碑刻一通，被砌于墙基之上，碑立于清同治八年（1869年），记载了沙埠岭天齐殿始建自明代，几经修葺，至清同治年间已近倾塌，由部分村民远募他乡、多方筹款对其重修之善举。

周公庙古井

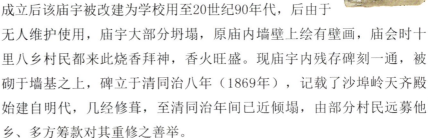

位于曲阜市周公庙前、周公庙东，始建年代均为清代。周公庙前古井为新砌方形井口，边长0.45米，砖砌圆形井壁，直径0.7米，井深约6米。周公庙东古井也为新砌方形井口，边长0.5米，砖砌圆形井壁，直径1米，井深约8米，原为周公庙居委居民的生活用水，保存完好，两井井口均被覆盖，现已废弃不用。

南夏宋古井

　　位于曲阜市息陬乡南夏宋村内，明万历三十八年（1610年）创建。原为村民生活用井，现已废弃不用。井口直径0.4米，深约8米，石质方形井台，圆形井口，砖砌圆形井壁，井旁有辘轳架立石两块，靠近井口的立石上刻有明代题记。

林家洼孔氏民居

　　位于曲阜市董庄乡林家洼村内，始建于清代。原有三进院落，现仅剩正房一栋，南屋一栋，其他建筑于20世纪60年代拆除。正房为砖坯结构，面阔3间，进深1间，东西长10米，南北宽4.6米。板门两侧墙内有门神龛。正脊两端镶有龙吻，屋山四角分别嵌有"金、玉、满、堂"字样的砖构件，南配房面阔3间，进深1间，东西长7.2米，南北宽3.7米。两处建筑均为灰瓦筒瓦覆顶，硬山，木质板门，直棂窗。该建筑外墙皮部分脱落，土坯局部裸露，砖、瓦构件保存较好，现为存放杂物之用。

西关老奶奶庙

　　位于曲阜市鲁城街道西关居委西150米，始建于清代，面阔3间，进深2间，东西长8.6米，南北宽4.8米，庙内原有5尊神像，"文革"时被毁，东西南三面均有壁画，现已模糊不清，梁架结构，梁柱上有彩绘，仰瓦板瓦覆顶，猫檐滴水，砖坯结构，屋山有"风""调""雨""顺"山花四字，20世纪70年代改建。庙门现已拆除，后墙部分已坍塌，壁画模糊不清，彩绘已脱落。

池涯李氏民居

　　位于曲阜市鲁城街道池涯居委鼎新街6号，始建于清代，原为李氏所有，后作为池涯居委老大队院使用，原有两进院落，现仅存北屋3间及套间1间。北屋面阔3间，进深1间，东西长11.4米，南北宽6米，灰瓦筒瓦覆顶，屋内有东西隔扇，木质，保存较好。套间面阔1间，进深1间，东西长3.6米，板瓦覆顶（部分板瓦被更换），面貌已部分改变。

小峪董氏古井

位于曲阜市息陬乡小峪村卫生所院内，据传始建于明洪武年间，清代属于董家，20世纪90年代初期村民尚用此井取水，后废弃不用。该井方形井口，深约20米，石砌井壁，井口四壁有较深的取水勒痕，表明此井年代久远。井口上面有水泥板覆盖，保存完好，现已废弃不用。

蒋家夏侯天齐庙

位于曲阜市息陬乡蒋家夏侯村东20米处，始建于清中期，面阔3间，进深1间，原有神像和石碑，均在"文革"时被毁。2005年因火灾庙顶部损坏，已无房顶无门。现庙宇为石质墙基，外砖内坯，木质门框，石雕金钱纹窗，上部倒塌，仅存两山及前墙，屋山砖雕为凤鸟登枝纹饰。

后夏庄翟氏民居

　　位于曲阜市董庄乡后夏庄村内，始建于清道光年间，为翟氏家族祖房，原有二进院落，现仅存正房。面阔3间，进深1间，东西长10.5米，南北宽5.2米，灰瓦筒瓦覆顶，板门，直棂窗。正脊为筒瓦扣花，中间嵌有"吉星"二字砖雕，两山墙镶有"福"字砖花，福字下方有砖雕莲花图案，筒瓦瓦当上有"囍"图案。新中国成立初期，院落分为两家，延续使用至今，结构稳定，保存较好。

石头河天福桥

　　位于曲阜市董庄乡石头河村南，始建于清代晚期，名曰：天福桥。为一座石质三孔平板桥，桥面由9块石板铺成，桥面长8米，宽2.7米，桥翅长5米，该桥建于吴村到泗水柘沟的古道上，桥旁原立有碑刻2通，记载了该桥的修建过程，现碑刻已遗失。2004年修乡村公路时在该桥北新修一座天福桥，该桥得以保护。此桥的留存为了解本地区旧时交通地理状况提供了实物资料，具有一定的历史人文价值。

东焦韦氏民居

位于曲阜市王庄乡东焦村内，始建于清代晚期。原有大门，悬匾额"皇道门"，五进院落。现存第三进院落正房、残存第二进院落正房及西厢房。第三进院落正房面阔3间，进深2间，东西长11米，南北宽6.2米，前有廊，廊前有砖砌露台，屋脊有走兽。2005年修缮时改建了屋顶和门窗，原灰瓦被现代红瓦替代，主体结构保持原有状态，后墙略有错位，因房屋为传统梁柱建筑，结构尚稳定。

西焦古桥

位于曲阜市王庄乡西焦村内郭泗河支流之上，依据其建筑风格判断，应始建于清中期，为石质结构单孔拱形平板桥，部分桥翅被毁。桥长4.2米，桥面宽4米，残存桥翅长4米，桥高2米，沿用至今。

古建筑

袁家村袁氏民居

　　位于曲阜市王庄乡袁家村内，始建于清末，为袁氏家族民居，现房主为袁国庆。面阔3间，进深1间，东西长10.3米，南北宽4米，硬山，直棂窗，板门，正门两边有神龛，灰瓦筒瓦覆顶，拱形后门，垂脊吻兽在"文革"时期毁坏。20世纪80年代进行了修缮，未改变原来风貌，现存建筑整体较为完整，经部分修葺，结构较稳定。

李庄康家井

　　位于曲阜市王庄乡李庄村民陈凡锦院内。据传建于康熙下江南过鲁时，为解决人畜饮水而挖，当地村民俗称"康家井"。该井直径约0.8米，井壁由青砖垒砌，原为石质圆井口，1989年经村民陈凡锦改建为方形井口，并破坏了原始风貌，作为自用井使用至今。此井在当地有着较高的声誉，具有浓厚的传奇色彩。

李庄陈家井

　　位于曲阜市王庄乡李庄陈春柱院后，始建于清末，为陈氏家族所有。原井口为方形，石质垒砌，井壁为特制的环形砖，俗称"车网砖"，直径0.8米，现井口石料已拆除，砖体外露，井水依然清澈可用，井壁整齐完好，使用至今。

前王庄孔氏民居

　　位于曲阜市王庄乡前王庄村内。从该建筑的建筑风格及建筑构件等判断，应为清代末期所建，东西长14.5米，南北宽4.8米，面阔4间，进深1间，直棂窗，板门，灰瓦筒瓦覆顶，筒瓦扣花屋脊，梁柱式结构，墙体为坯制，墙角为砖石结构，门前有供台桌，该民居虽经多次维修，但仍保留着原有风貌。其留存为研究该地区清代末期民居的建筑风格、特色提供了直观的实物资料。

南夏宋刘氏民居

　　位于曲阜市息陬乡南夏宋村内，始建于晚清。面阔3间，东西长11.6米，南北宽5.15米，仰瓦板瓦覆顶，直棂窗，板门，门两侧有神龛，叠瓦压脊，屋山有雕花砖饰，有一扇后门。正脊部分脱落，整体保存基本完整，

西终吉孔氏民居

位于曲阜市息陬乡西终吉村内，系清末民初孔宪楷所建四合院。原有正房1处，东西配房各1处，南屋1处，大门1处，新中国成立后该建筑被政府没收，东配房曾作为乡政府存放枪支的地方，"文革"期间南屋被拆除，"文革"后该建筑归个人使用。正房3间，东西长11米，南北宽4.7米。东西配房均南北长9.2米，东西宽4.5米，正房、东西配房都为直棂窗，板门，灰瓦覆顶，大门南北长3.4米，东西宽3.1米。该建筑整体保存较好结构完整稳定，部分墙皮脱落，正房旁有一小厨房，在原南屋基址上新建一南屋。此建筑保留了原始状态，散发着浓郁的历史气息，具有重要的文物价值。

小孔家村古井

位于曲阜市时庄镇小孔家村东100米，始建于清末，井口直径2米，砖砌井壁。据村民介绍，该古井原为小孔家村一地主灌溉用井，新中国成立后废弃不用。

黄家村甘氏民居

位于曲阜市时庄镇黄家村村委院内，始建于清。原为四合院，有大厅和东西配房，现仅存东配房，坐东朝西，面阔3间，进深1间，南北长9.8米，东西宽4.4米，高5.5米，硬山，灰瓦筒瓦覆顶，直棂窗，板门。

旧县四街古桥

位于曲阜市书院街道旧县四街村西，始建于宋，为七孔石板桥，桥面长14米，宽2.3米，桥面和桥墩均用较大石块垒砌而成。由于年久失修，桥面大部分坍塌，现已废弃。此桥原处于仙源旧城护城河上，是当时人们出入仙源旧城的交通要道，桥面上留有车辙印痕。此桥的发现为研究宋元时期桥梁形制和历史交通状况提供了珍贵的实物资料。

峪南孔氏民居

位于曲阜市吴村镇峪南村村委院内，始建于清。原为峪南村村民孔宪贤所有，抗日战争时期为民间武装组织——邢团所在地，新中国成立后曾一度作为学校，现被村委当做仓库使用。该建筑坐北朝南，面阔3间，进深1间，东西长9.3米，南北宽4.6米，硬山，灰瓦筒瓦覆顶，屋面正中有三垅合瓦仰瓦，正脊为叠花压脊，木式板门。建筑整体保存完整，正脊瓦件部分脱落，墙面部分损毁，门窗原貌已被部分改变。

河东孔氏民居

　　位于曲阜市董庄乡河东村内，始建于清。坐北朝南，砖石结构，面阔3间，进深1间，硬山，东西长9米，南北宽4.4米，仰瓦板瓦覆顶，屋顶两侧各有五垄筒瓦，筒瓦扣花压脊，万字纹山花，板门，门两侧有门神龛，有后门，后门为券顶。建筑整体保存较为完整，结构稳定。两侧脊部分残损，屋面部分更换为水泥瓦，墙体部分损坏，后门被堵上。

管村二龙桥

　　位于曲阜市董庄乡管村内，始建于明万历年间，为三孔桥，砖石结构，呈半圆形，桥长11.3米，宽4.6米，高2.5米，此桥原位于南京到北京的古官道之上。清代对此桥进行过重修，2007年又将桥面加宽。整体保存完整，结构稳定，桥头原刻有二龙头并立有石碑，龙头石雕现存1座。碑已被毁坏。此桥的留存为研究当时桥梁的建筑形制及道路交通状况提供了实物资料。

管村张昭印民居

　　位于曲阜市董庄乡管村内，始建于清，坐北朝南，砖石结构，面阔3间，进深3间，东西长10米，南北宽6米，硬山，前有廊，仰瓦板瓦覆顶，屋面两侧各有五垄合瓦板瓦，板门，直棂窗。结构较为稳定，布局完整，屋面部分更换新瓦，一侧脊残损，后墙体有裂缝。

焦家村关帝庙

位于曲阜市时庄镇焦家村内，始建于清，是村民祭祀关公的庙宇。建筑坐北朝南，面阔3间，进深2间，东西长7.65米，南北宽5米，高5.6米，砖石结构，木质板门，券形窗，硬山，灰瓦筒瓦覆顶，前有卷棚，屋面瓦件部分脱落。建筑结构已不稳定，面临坍塌。

盛果寺古桥

位于曲阜市鲁城街道盛果寺村北，始建于清代，为三孔石平桥。南北长5.6米，东西宽4.25米，高1.7米，石砌桥墩，桥面原用16块青石铺设而成，造型古朴敦厚，位于鲁国故城护城河洙水河上，是当时人们北出曲阜通往泰安的交通要道。该桥现已废弃，桥面仅保存10块青石。此桥的发现为研究曲阜的古道路形制和历史交通状况提供了实物资料。

前孔孔氏民居

位于曲阜市时庄镇前孔村内，始建于清，坐北朝南，砖坯结构，面阔3间，进深1间，东西长11.4米，南北宽4.5米，高5.6米。硬山，灰瓦筒瓦覆顶，直棂窗，屋顶两侧各有五垄筒瓦，叠瓦扣花压脊。原为三进院落，东西配房，分别于20世纪60年代和80年代被拆除，现仅存后厅。

席厂古桥

位于曲阜市姚村镇席厂村东南东河之上，始建于清代，全石结构，为三孔石拱桥。桥长12.4米，宽3.3米，高2.1米，桥墩用石块垒砌而成，桥面用10块青石铺成，此桥位于曲阜通往兖州的官道之上，是当时的主要交通要道之一，现已废弃。此桥的发现为研究曲阜古道布局与形制提供了实物资料。

宋家林天齐庙

位于曲阜市姚村镇宋家林村西南，始建于明代。原有天齐庙、关帝庙、土地庙及文昌阁，据庙旁《重修天齐神道文昌阁碑记》记载，该庙在清代曾重修。现庙院内土地庙已不存，天齐庙、关帝庙仅存基址及山墙，只有文昌阁保存较为完好。文昌阁为上下两层，面阔3间，东西长7.3米，南北宽4.5米，高约10米，灰瓦筒瓦覆顶，砖券门窗。

前代家洼古桥

位于曲阜市姚村镇前代家洼村南，始建于清，为三孔石平桥。桥墩为圆柱形，桥面长9.7米，宽2.3米，高约1.2米，桥面用9块青石铺设而成，桥面南部部分塌陷。该桥处于原义和寨南门外护寨河上，为进出村寨的必经之路。

孙家庄孙氏民居

位于曲阜市姚村镇孙家庄村内，始建于清，是该村村民孙广会祖屋，坐北朝南，砖坯结构，东西长10.6米，南北宽5米，面阔3间，进深1间，硬山，板门，直棂窗，灰瓦筒瓦覆顶，正脊板瓦扣花，后屋面部分已更换新瓦。

夏家村夏氏民居

位于曲阜市书院街道夏家村村委西，始建于清，面阔3间，进深1间，东西长11.7米，南北宽4.6米，砖坯结构，仰瓦板瓦覆顶，两侧垂脊叠瓦压脊，板门，木棂窗，有后门，山墙四角分别镶有"四季平安"四字。原有大厅、东西配房，现仅存正房，保存较好。

管村张昭洪民居

位于曲阜市董庄乡管村内，始建于清代，坐北朝南，为全砖结构楼阁式建筑，面阔3间，进深1间，共有上下两层，东西长11米，南北宽5.5米，合瓦板瓦覆顶，一层为直棂窗，板门。二层正面有3个砖券窗，两侧山墙各有一圆形窗户。原有脊兽，现已不存，一侧山墙有裂缝。建筑整体保存较好，结构稳定。

管村张昭富民居

位于曲阜市董庄乡管村内，坐北朝南，全砖结构，面阔3间，进深1间，东西长9米，南北宽5米，仰瓦板瓦覆顶，屋面两侧各有三垄合瓦板瓦，屋脊为叠瓦压花脊，门前出厦，支撑厦顶的两根木柱斜插在前墙之上，木式板门，直棂窗。原有东西配房，现已拆除，脊兽也已不存。建筑整体保存较好，屋面及屋脊略有破损。该建筑的建筑风格较为罕见，丰富了该地区民间建筑的建筑特色，具有较高的文物价值。

管村张广俊民居

位于曲阜市董庄乡管村内，建于清代晚期。坐北朝南，面a阔3间，进深1间，东西长11.5米，南北宽5米，硬山，仰瓦板瓦覆顶，屋面两侧各有七垄筒瓦，叠瓦压脊，板门，原为直棂窗，现改为玻璃窗。整体布局完整，结构稳定，侧脊一侧有所残损，窗户已更新。

管村张宪玉民居

位于曲阜市董庄乡管村内，始建于清，全砖结构。有正房1座和二层阁楼1栋。正房面阔3间，进深1间，东西长10.2米，南北宽4.85米，硬山，仰瓦板瓦覆顶，屋面两侧有五垄筒瓦，叠瓦压脊，板门，原为直棂窗，现改为玻璃窗；西接阁楼，面阔1间，进深1间，东西长3.7米，南北宽4.85米，阁楼共两层，一层板门，二层前为砖券窗。该民居原有东西配房，现已不存。正房整体保存完整，结构稳定。西接阁楼的建筑风格是受风水学的影响而形成的，该建筑的发现为研究当地民居建筑风格的多样性，提供了珍贵的实物资料。

管村张洪生民居

位于曲阜市董庄乡管村内，系管村清末大地主张氏家族后代张洪生之住所，有正房1座、二层阁楼1座和西配房1座。正房为全砖结构，面阔2间，东西长6.8米，南北宽4.2米，硬山，直棂窗，木式板门。阁楼为全砖结构，面阔1间，进深1间，东西长3.7米，南北宽4.2米，筒瓦扣花正脊，二楼西侧有券顶窗1口，东侧有菱形山花。西配房为砖坯结构，面阔3间，进深1间，东西长6.4米，南北宽3.6米，硬山，直棂窗，木式板门。从建筑风格推断为清末民初建筑。2006年该民居进行了重修，房顶全更换为红水泥瓦，正房后墙原已倒塌，现已换为新砖，墙体部分已出现裂缝。

屈家村通济桥

位于曲阜市董庄乡屈家村内，桥长3.3米，宽3.35米，高1.9米，斜长5米，为一孔桥，砖石结构，石拱券，桥面由四块青石板铺成，此桥为原村寨的西门桥。整体保存较好，结构稳定，始建年代大约在明清时期，由于年代久远，桥面有破损现象。

屈家村孔氏民居

位于曲阜市董庄乡屈家村内，据传为当时董庄乡孔氏族长孔昭贞（现房主孔庆齐的祖父）所留存，原有东西配房、南屋、屏风门及门楼，现只剩正房和东配房的一面山墙。建筑面阔3间，东西长11.7米，南北宽5米，砖坯结构，灰瓦筒瓦覆顶，板门，直棂窗。依据建筑的特点判断应属于清代遗存。该民居正房保存基本完整，后屋面更换为水泥瓦且部分坍塌，一侧墙体略有损坏。

古建筑

黄家庄古井

位于曲阜市董庄乡黄家庄内，共发现6座，始建年代约在清代。该井群除3号井以外均为石砌井台，砖砌井壁，其中1号井深约8米，井台南北长2.35米，东西宽1.9米，旁立有辘轳架石1块；2号井直径1米；3号井石砌井壁、井台，直径1.3米，旁立有辘轳架石1块，井台一侧有水槽1个；4号井直径1.9米，旁立有辘轳架石1块；5号井直径2米，井台一侧有水槽1个；6号井直径0.6米，立有辘轳架石1块，井台一侧有水槽1个。6座古井现整体保存较好，3号井、5号井由于水质较差现已废弃不用，它们的集中发现为了解该地区村民生活的原始形态提供了珍贵的实物资料。

朱家庄朱氏民居

位于曲阜市董庄乡朱家庄村内，始建于清代，现仅存全砖结构的正房3间，东西长10.55米，南北宽5米，灰瓦筒瓦覆顶，叠瓦压脊，硬山，木板门，直棂窗。现存建筑保存状况较好，结构也比较稳定。

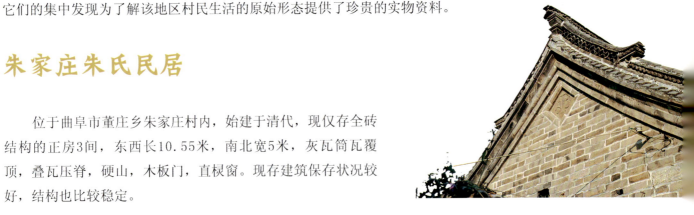

李家洼李氏祠堂

位于曲阜市吴村镇李洼村西南，祠堂正房面阔3间，进深2间，东西长8.6米，南北宽5.8米。原有卷棚、围墙，现已坍塌，院基尚存。正房屋顶塌落，东、西、北三壁尚存，卷棚墙壁上有碑1通，碑题为"重修祠堂并祖茔祭田庙基各地段记"，立于清嘉庆十四年（1809年），碑文记载了重修祠堂、祭田与李氏墓地的具体情况。祠堂内有碑刻4通，均立于光绪十六年（1890年），碑文详细记载了李氏家族的谱系分布情况。

峪西李氏民居

位于曲阜市吴村镇峪口西村内，系峪口西村村民李淑林的居所，始建于清。面阔3间，进深1间，东西长11米，南北宽5.5米，仰瓦板瓦覆顶，硬山，木板门，直棂窗。房屋四角山花和前墙上分别有"吉星高照""五福临门"八字，该建筑保存状况一般，东面屋脊、正脊、侧脊均部分残损。

蒋家寨蒋氏民居

位于曲阜市吴村镇蒋家寨村内，始建于清代。据访问，该村原有一大户人家，拥有土地1400余亩，原有房屋150多间，现存古楼即为原古建筑群之遗留。此楼面阔3间，上下两层，硬山，灰瓦覆顶，板门，二层窗户为圆券顶，一层为木棂窗，前有廊，东西长12米，南北宽6米，廊宽1.6米。此建筑有鲜明的晚清建筑特色，且同类建筑在曲阜境内已不多见，其留存具有较高的文物参考价值。

白塔陈氏民居

位于曲阜市吴村镇白塔村内。共有建筑3栋。陈茂营民居有正房和东配房。正房东西长11.6米，南北宽5.05米，正脊、垂脊均为叠瓦压脊，屋顶两侧各有五垄筒瓦；东配房南北长11.04米，东西宽5米，屋顶两侧各有三垄筒瓦。陈茂安民居正房东西长9.8米，南北宽5.05米。陈茂贞民居有正房和西配房。正房东西长9.6米，南北宽4.6米，屋顶两侧各有五垄筒瓦；西配房南北长9.9米，东西宽4.4米。以上建筑均始建于清代，全砖结构，面阔3间，进深1间，仰瓦板瓦覆顶，硬山，正房正脊为砖砌花脊，木棂窗，板门。该建筑群的发现为研究清代民间建筑风格和当地民居分布格局提供了珍贵的实物资料。

衡庙屈氏民居

　　位于曲阜市董庄乡衡庙村内，原有四进院落，现仅存一进院落，正房面阔 4 间，进深 1 间，东西配房已拆。仰瓦板瓦覆顶，屋顶两侧各有三垄筒瓦，硬山，板门，门两侧有门神龛，直棂窗，有后门。该建筑主体西部，有一间略高出其他三间，叠瓦压脊，东部三间东西长 10.5 米，南北宽 4.7 米，西部一间东西长 4.1 米，南北宽 4.7 米，砖砌门口、窗台及山花，其余为土坯墙。房屋内部顶梁上有墨书记录"清光绪三十一年岁次乙□□"的字样，为房屋始建年代的判断提供了依据。该民居主房保存较为完整，结构相对稳定，其建筑形制别具一格。它的发现不仅丰富了清代民居建筑形式的内容，更为研究当地民居建筑特色和风土人情提供了难得的实物资料。

大庙祷雨坛

　　位于曲阜市董庄乡大庙村东，为一土台，呈覆斗形。东西长 14.5 米、南北宽 13 米，高 1 米，为村民祈雨祷神的宗教祭祀场所，其整体保存完整。现上面堆满秸秆，已废弃不用。

峪西孔氏民居

　　位于曲阜市吴村镇峪西村内，为村民孔庆甲的居所，原为四合院，现仅存正房、耳房和东配房。正房为砖坯结构，面阔 3 间长 10.9 米，进深宽 5 米，门口、窗台、山墙为砖砌，其余为土坯，硬山，仰瓦板瓦覆顶，屋顶两侧有三垄筒瓦，正脊为板瓦扣花压脊，板门，木棂窗，门两侧有门神龛；耳房为砖坯结构，面阔 1 间，东西长 4 米，南北宽 5 米，板门，木棂窗；东配房为砖坯结构，面阔 2 间，东西长 5.1 米，南北宽 7.1 米，仰瓦板瓦覆顶，板门，木棂窗。该民居保存较好，耳房原为灰瓦覆顶，2005 年进行维修时更换为红水泥瓦。东配房北墙原已坍塌，现已修复。

迎坤桥

位于曲阜市南辛镇桑庄村内，据《曲阜地名志》记载，该桥始建于清嘉庆十七年（1812年），系村内董氏所建，名迎坤桥。该桥为五孔拱桥，桥长43.5米，宽6米，高3.5米，石质结构，桥两侧有桥栏，各桥墩上原刻有迎水石龙，1957年被大水冲毁龙头，现仅剩龙尾。该桥整体保存较为完整，体现了当地民众生产生活的原生态，其发现对于研究当地桥梁建筑风格和民风民俗具有一定的参考价值。

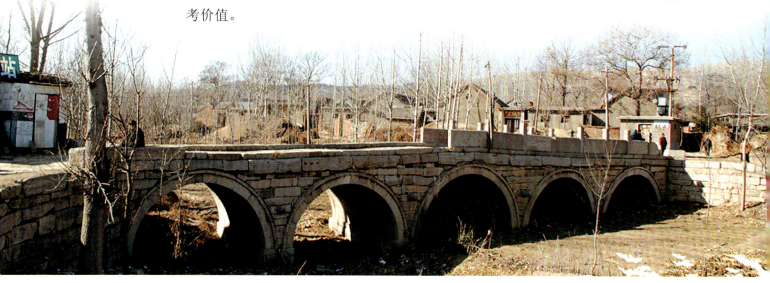

龙虎袁氏民居

位于曲阜市鲁城街道东马道15号，现为居民袁炳政的居所。建筑为砖坯结构，面阔3间，东西长10.8米，南北宽6.1米，仰瓦板瓦覆顶，房顶两侧各有筒瓦五垄，硬山，前出厦，板门，原有屏风门，"文革"时拆掉。主体建筑保存较为完整。由该建筑的整体风格推断应为清末民初建筑。

龙虎刘得绮民居

位于曲阜市鲁城街道博爱胡同5号，建筑为全砖结构，面阔3间，东西长11.1米，南北宽5.8米，仰瓦板瓦覆顶，屋顶两侧有三垄筒瓦，硬山，板门，前有廊，廊宽1.5米，廊由两根木柱支撑，木柱底部有石质柱础。建筑保存较好，窗户已更换，墙体已粉刷。该民居形制较为独特，它的发现丰富了当地民居建筑风格的内容。

龙虎赵氏民居

位于曲阜市颜庙街53号，约建于清代，现为居民赵景森的住所，现存正房两座。东正房为全砖结构，面阔3间，进深1间，东西长11.5米，南北宽7米，仰瓦板瓦覆顶，板瓦扣花正脊，屋顶两侧各有筒瓦五垄；西正房为砖坯结构，面阔3间，进深1间，东西长11.3米，南北宽7米，仰瓦板瓦覆顶，筒瓦扣花压脊，屋顶两侧各有筒瓦五垄。两座建筑保存状况良好。

慎修堂

位于曲阜市东门大街路北，始建于清雍正年间。原为孔子68代孙衍圣公孔传铎之弟孔传钲的府第，称慎修堂，后家道败落，民国时卖与晋商王冠山，"文革"后曾当做北海银行，现为中国工商银行曲阜支行招待所。该建筑正房面阔5间，进深3间，东西长21米，南北宽10米，硬山，前有廊，灰瓦筒瓦覆顶，筒瓦扣花正脊；东西配房均面阔3间，进深2间，南北长9.5米，东西宽6米，前有廊，灰瓦筒瓦覆顶，筒瓦扣花压脊。该建筑整体保存完整，结构稳定，门窗现已更换，2008年底又对其进行彩绘，面貌焕然一新。该建筑的发现为研究曲阜明城内孔氏贵族府第的分布及建筑风格提供了新的实物资料。

龙虎刘俊臣民居

位于曲阜市棋盘街24号，约建于清代，原为四合院，现仅存正房及东配房。正房为全砖结构，面阔3间，进深1间，东西长10.7米，南北宽8.5米，仰瓦板瓦覆顶，方格窗，前有廊，廊宽1.5米，廊下由两根木柱支撑，木柱底部有石质柱础，屋顶两侧各有二垄筒瓦 ；东配房为全砖结构，面阔3间，南北长10.3米，东西宽6.3米，仰瓦板瓦覆顶，屋顶两侧各有五垄筒瓦。2005年对该民居进行了重修，使该民居面貌焕然一新，环境幽雅。

官园古井

位于曲阜市鲁城街道官园居委半壁街北首，始建于清代。石砌井壁和井台，井台边长1.35米，井口直径0.6米，井深约7～8米；由于常年使用，井口留下道道绳痕。该井紧邻明故城墙，井体保存较好，井台完整，井壁略有破损现象，井水常年不涸，现已废弃不用。该井的发现为研究曲阜老城区内人们生产生活活动和社会民生状态提供了实物资料。

官园徐氏民居

位于曲阜市鲁城街道官园居委内，系居民徐留柱的住所。建筑为全砖结构，面阔3间，进深3间，东西长11.2米，南北宽6.6米，硬山，仰瓦板瓦覆顶，板门，方格窗，有后门，前有廊，正脊为筒瓦扣花压脊，廊宽1.4米，廊下两根木柱支撑，有石质柱础。

官园姚氏民居

位于曲阜市鲁城街道官园居委内，为姚家人所有，姚家人在抗日战争期间曾担任曲阜伪县长，原有正房、东、西配房，现仅存正房。正房面阔3间，东西长10.1米，南北宽7米，筒瓦扣花压脊，板门，方格窗，灰瓦筒瓦覆顶，有后门，前有廊，廊下有两根木柱及石质柱础。该建筑保存一般，檐前瓦件已部分脱落，脊兽在"文革"时被破坏，正脊已部分毁坏，屋顶上长满杂草，2006年以前一直有人居住，现已废弃。从其建筑风格推断为清末民初建筑。

古建筑

仓巷张梁碧民居

位于曲阜市仓巷街88-21号，约建于清代，为张氏地主所建，原有两进院落，现仅存正房，建筑为全砖结构，面阔3间，进深1间，东西长11.4米，南北宽6.2米，硬山，仰瓦板瓦覆顶，屋顶两侧各有五垄筒瓦，前有廊，廊由两根木柱支撑。整体保存较好，由于人为原因，雀替缺失，门窗已更换。

仓巷张守平民居

位于曲阜市仓巷街88-21号，约建于清代，与张梁碧民居原系一个大家族，现存有正房和西配房。正房为全砖结构，面阔3间，进深3间，东西长11米，南北宽7米，前有廊，廊由两根木柱支撑，雀替上透雕有精美图案，硬山，仰瓦板瓦覆顶，屋顶两侧各有五垄筒瓦，板门，木棂窗；西配房为全砖结构，面阔3间，南北长9.2米，东西宽4米，前有廊，硬山，仰瓦板瓦覆顶，砖券门窗，板门，木棂窗。民居保存状况一般，由于生活需要，内部结构有所改变。

南泉彭氏民居

位于曲阜市鲁城街道南泉居委院内，系当时大地主彭氏家族后代彭绪东的住所，初建时规模宏大，有四大门、四大厅，后经岁月沧桑，大部分已经损毁，现仅存有正房一处。正房为砖坯结构，门口、窗台、山墙均为砖砌，其余为土坯，面阔3间，进深3间，东西长12米，南北宽6.5米，灰瓦筒瓦覆顶，硬山，木板门，直棂窗，前有廊，廊由两根木柱支撑。屋内挂有一节孝匾，四边鎏金，上刻有"志节霜清"，"道光二十年岁次壬午三月"，由此可以推知该建筑为清中期建筑。建筑保存情况较差，西间现已倒塌，屋顶后面已全部更换为新瓦，前面瓦件脱落严重。

北马村三圣堂

位于曲阜市王庄乡北马村东，原有大殿、土地祠，由于年久失修，主体坍塌，仅剩卷棚及大殿基址，卷棚屋面瓦件部分脱落。大殿基址东西长6米，南北宽7.9米，堂内曾经供奉观音、关公、土地三神，现已不存。卷棚由四根木柱支撑，面阔3间，东西长6米，南北宽3米，灰瓦筒瓦覆顶，梁上施以彩绘；山墙上有壁画，卷棚东西山墙内各嵌有碑刻1通，东山墙上碑刻为"三圣堂创建记"，碑文记述了创建三圣堂的始末，落款为"康熙五年岁在丙午十二月初一日吉旦"。西山墙上碑刻为"三圣堂创修拜殿门屏记"，碑文记述了三圣堂创修拜殿门屏的始末，落款为"康熙十六年岁次丁巳七月壬寅吉旦"。此庙的发现为研究该村的民俗民风及宗教信仰和清初建筑风格提供了实物资料。

北马村赵氏民居

位于曲阜市王庄乡北马村内，原为三进院落，三路布局，现仅存正房3处，门楼1座。系光绪年间地主赵承茂的房屋。中路过厅房屋为砖坯结构，面阔3间，东西长9.7米，南北宽4.5米，硬山，仰瓦板瓦覆顶，屋顶两侧各有三垄筒瓦，板门，直棂窗。中路正房为砖石结构，面阔3间，东西长11.2米，南北宽5米，硬山，板门，山花为莲花纹饰，屋山四角刻有车轮纹饰。西路正房为砖石结构，面阔3间，东西长11.5米，南北宽6米，硬山，板门，回形窗，后窗为直棂窗，前有廊，山花为钱币纹饰，屋山四角刻有车轮纹饰。东路门楼与中路过厅相连，东西长3.6米，南北宽3.4米，灰瓦筒瓦覆顶。该民居布局尚存，保存状况一般，西路房屋现为北马村卫生院，中路、西路正房屋面已更换为新瓦，门楼瓦件部分脱落。

中王庄徐氏民居

位于曲阜市王庄乡中王庄老粮所院内，原为清光绪年间地主徐景华所有，现被后人卖与村民徐文。该建筑为砖石结构，面阔3间，进深3间，东西长12.2米，南宽7.8米。前有廊，廊由两根木柱支撑，柱下有石质柱础，灰瓦筒瓦覆顶，硬山。房屋门窗皆已更换，屋顶压脊和脊兽都已毁坏，正脊安有新脊兽，前屋面有一后来安装的烟囱，保存状况一般。此建筑在新中国成立后一直被当作粮所来使用。

中五行周氏民居

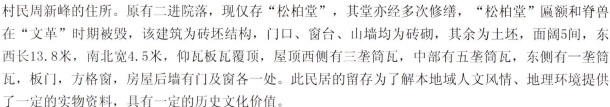

　　位于曲阜市王庄乡中五行村内,原主人为康熙年间地方豪绅周万友,传康熙皇帝曾在此留宿,特赐堂号曰"松柏堂",现为村民周新峰的住所。原有二进院落,现仅存"松柏堂",其堂亦经多次修缮,"松柏堂"匾额和脊兽在"文革"时期被毁,该建筑为砖坯结构,门口、窗台、山墙均为砖砌,其余为土坯,面阔5间,东西长13.8米,南北宽4.5米,仰瓦板瓦覆顶,屋顶西侧有三垄筒瓦,中部有五垄筒瓦,东侧有一垄筒瓦,板门,方格窗,房屋后墙有门及窗各一处。此民居的留存为了解本地域人文风情、地理环境提供了一定的实物资料,具有一定的历史文化价值。

冯家村韦氏民居

　　位于曲阜市王庄乡冯家村内,始建于清,为现房主祖父韦兴圻所建,原为两进院落,现仅存正房一座。该建筑为砖坯结构,山墙、窗台、门口均为砖砌,其余为土坯,面阔3间,东西长11.6米,南北宽4.8米,仰瓦板瓦覆顶,屋顶东西两侧各有筒瓦五垄,正脊和垂脊均为筒瓦扣花,瓦当有兽面纹饰,山花为"福"字,板门,门两侧有门神龛,直棂窗。该建筑保存状况较好。

双山口玉皇庙

　　位于曲阜市防山乡双山口村村东100米处,始建于清代。全石质结构,庙为正方形,边长3.4米,四面皆有门,南门和后门宽0.9米,高1.55米,东门和西门宽0.5米,高1.2米,叠涩起顶,呈金字塔形,庙东有碑刻两通,一通立于乾隆六十年(1795年),碑题为"重修玉皇庙记",碑高1.8米,碑宽0.68米,碑厚0.2米,碑文四周刻有穿币纹。另一通碑刻立于咸丰五年(1855年),碑高1.8米,碑宽0.8米,碑厚0.2米,两通碑刻详细记述了乡人共同捐资重修玉皇庙过程。该庙受于教信仰或当地建筑风格影响,造型独特,较为罕见,为了解研究当地宗教信仰和民风民俗提供了直观的实物资料,具有一定的地区性历史文化价值。

孟李村陈氏民居

位于曲阜市王庄乡孟李村内，原为本村地主陈氏人所有，后卖与该村村民彭德庆。该建筑为全砖结构，面阔3间，进深1间，东西长11.5米，南北宽5米，硬山，屋顶两侧有五垄筒瓦，仰瓦板瓦覆顶，板瓦扣花正脊，瓦当上有兽面纹饰，板门，门两侧有两门神龛，栅式窗。该建筑保存一般，正脊部分残缺，屋顶瓦件部分脱落。由建筑形制、建筑风格推断为清末民初建筑。

刘家庄关公庙

位于曲阜市防山乡刘家庄村内，始建于乾隆三十一年（1766年）。坐北朝南，东西长8.6米，南北宽4.4米，面阔3间，砖石结构，硬山，正脊为板瓦扣花，垂脊的砖雕有荷花纹饰，灰瓦筒瓦覆顶，瓦当有兽面纹饰，板门，直棂窗，后墙有窗户一口。屋脊上原有脊兽，现已残损。庙内原供奉有关公塑像，现已不存。

马庄孔氏民居

位于曲阜市防山乡马庄村内，约建于清代。建筑面阔3间，进深1间，东西长11.6米，南北宽4.85米，砖坯结构，门口、窗台、山墙均为砖砌，其余为土坯。仰瓦板瓦覆顶，板瓦扣花压脊，花棂窗，前有厦，厦东西长4米，南北宽1.2米。两侧山墙山花分别刻有"福""寿"二字，屋檐四角分别刻有"福""寿""康""宁"字样。屋脊上原有脊兽、螭吻，"文革"时期被毁坏。

程庄孔氏民居

位于曲阜市防山乡程庄村内，现为村民孔庆娥居所，约建于清代，坐北朝南，砖石结构，硬山，面阔3间，进深3间，东西长13米，南北宽7米，前有廊，廊有两根木柱支撑，木板门，直棂窗，有后门，山花为"卍"字纹，垂脊砖雕上刻有花卉纹饰，原有螭吻和脊兽，"文革"期间被毁，2007年维修房屋时将屋面全部更换为红水泥瓦。

通济桥

位于曲阜市防山乡梁公林村北327国道以北，始建于宋代。全石结构，为六孔石板桥，桥面用石板铺设而成，桥板部分损坏。桥长24米，宽6.8米，高4米；旁有"重修通济桥碑记"，碑刻立于明万历三十年（1602），已砸坏，分几段砌于水渠之上。此桥年代较早，后又经多次维修，从桥梁形制上看，现存石桥为清晚期建筑风格。该桥的发现为研究曲阜的古道路分布、交通状况及桥梁建筑形制提供了珍贵的实物资料。

苏家村玉皇庙

位于曲阜市南辛镇苏家村南昌平山上一人工凿成的山洞里，庙屋屋顶已坍塌，四周墙壁保存较为完整。该庙始建于清，洞长4.7米，高1.9米，宽1.7米，洞内设神台，内供奉着玉皇大帝之神位，洞东原有依山建造的用石块垒砌而成的庙屋3间，东西长5米，南北宽3.2米，庙屋北共有25级台阶，台阶宽1.85米，庙旁有碑刻2通，一通为重修该庙的施财题名碑，另一通立于清宣统三年（1911年），碑题为"重修昌平山萃祥洞碑记"，碑文记述了该庙的来历和重修该庙的原因及经过。

苏家村关帝庙

位于曲阜市南辛镇苏家村内,始建于清,庙东西长6.4米,南北宽4米,砖石结构,面阔3间,进深1间,灰瓦筒瓦覆顶,正脊为筒瓦扣花。庙后有碑1通,立于康熙三十年（1691年）,碑题为"重修关帝庙碑记",碑高0.95米,宽0.65米,厚0.12米,碑额刻有二龙戏珠纹饰,中刻"大清"二字,四周刻有宝瓶花卉纹饰,碑文记述了重修关帝庙的过程。该庙及碑刻的发现为研究当地人们的宗教信仰和风土人情提供了一定的实物资料。

桑庄山神庙

位于曲阜市南辛镇桑庄村西,约建于清。面阔1间,东西长4.2米,南北宽4米,仰瓦板瓦覆顶,石质钱币纹窗,庙内梁柱饰以彩绘;庙前有"施财题名"碑刻1通,碑高1.5米,宽0.8米,厚0.2米,由于碑身朝下,未能见碑文,庙内曾供奉着山神塑像,想求子求财和祈求平安的附近村民都来此烧香膜拜。该庙保存状况较差,屋顶大部分已坍塌。

一张曲邢氏民居

位于曲阜市息陬乡一张曲村内,清代建筑。面阔3间,进深2间,东西长10.6米,南北宽7.1米,高5.3米,占地面积75.26平方米。硬山,前出厦,砖雕山花,木质板门,条棂窗,留有后门,房屋前建有香台1座。原为灰瓦覆顶,现已更换为水泥瓦,后门已改为窗户。整体布局完整,结构稳定,是清代曲阜地区较为典型的传统民居。

古建筑

一张曲董氏民居

　　位于曲阜市息陬乡一张曲村内，始建于清代晚期。东西长9.6米，南北宽5.4米，面积51.84平方米。墙体内坯外砖，硬山，仰瓦板瓦覆顶，木质门窗，镶砖雕双"卍"字山花。为较典型的曲阜地区民居。该建筑整体保存较为完整，结构稳定。

前时村东石桥

　　位于曲阜市时庄镇前时村南，始建于唐代，1984年重建。石桥长9.6米，宽4米，高4米。原名南石桥，后改为东石桥，桥墩由弧形变为三角形，三孔石板桥改建为两孔石板桥，桥面、桥栏部分用原桥的构件，是村民生产生活活动的一条交通要道。现整体结构完整，保存较好，仍是村内重要的交通要道。其留存为研究当地的桥梁形制及道路交通状况提供了参考资料。

大朱家村朱氏民居

　　位于曲阜市王庄乡大朱家村内，为清代武举朱希位后人所建。原有建筑布局已遭破坏，现仅存建筑3座，东西并列，东西长21.65米，南北宽4.5米。西侧为二层小楼，东西长4米，南北宽4.5米，内为木质隔板、楼梯，圆形山花，木质门窗，叠瓦屋脊；其余两座建筑为平房，面阔3间，硬山，仰瓦板瓦覆顶，墙体里坯外砖。

后孟庄广宁桥

位于曲阜市王庄乡后孟家庄村西南,始建于明代。桥面通长25.5米,宽4.1米,高4米,面积约105平方米。古桥呈南北走向,为三孔拱形石板桥,桥栏原有16根石柱,现存11根,桥石栏两端边缘石头上均刻石鼓纹和云纹,东侧桥栏残损,西侧桥栏完整,此桥现仍为村内主要交通要道。原桥北有2通明代碑刻,桥南有2通清代碑刻,据村民介绍碑上记载了建桥与修桥相关事宜,现4通碑刻均用于建水库。该桥的发现为研究当地明代的道路交通布局及村民的生活状况提供了实物资料。

孙家道沟孙氏民居

位于曲阜市王庄乡孙家道沟村内,始建于清末,楼房、正房各一座,正房面阔3间,东西长10.9米,南北宽5米。土坯墙,砖砌墙垛,硬山,仰瓦板瓦覆顶,叠瓦压脊,门框两侧镶门神庙,门上方有"富贵天如"四字,木质条棂窗,左右窗户上方各有一"福"字,室内木质壁橱。楼房二层,长4.77米,宽4.6米。墙体内坯外砖,室内木质隔板,楼房正面开有一大一小两窗。该建筑主体保存较为完整,正房外墙和楼房屋脊经过修复。

无粮庄张氏民居

位于曲阜市防山乡无粮庄村内,始建于清代。现存正房、西配房各1座,均为硬山,仰瓦板瓦覆顶,木质板门,条棂窗。正房面阔3间,东西长11.4米,南北宽5米,墙体内坯外砖,青条石门窗沿,砖砌窗形山花,屋脊西侧鸱吻尚存;西配房面阔3间,南北长10米,东西宽4米,土坯墙。此建筑形制简洁,风格古朴,屋山花别致,主体保存比较完整,正房门窗已换成铝合金,屋脊东侧鸱吻"文革"期间被毁。现为村民张广信住房。

筑

南陶洛西村古井

位于曲阜市防山乡南陶洛西村村北，石质井口、井壁、接水槽、辘轳架，井口方形，边长0.7米，水槽长2.15米，宽0.95米，辘轳架高1.25米。此井原在一村民家中，1982年为扩大耕地面积，此村全部迁往南面约500米山上，现水井处于耕地当中，木质辘轳已损毁不存，村民仍用此井水灌溉农田。

西鲁源古桥

位于曲阜市南辛镇西鲁源村西，一条自北向南流向沂河的河道之上，始建于清代。该桥名为白云桥，为三孔石质平板桥，桥面东西长12.6米，南北宽50.2米，高3米。桥两端原有龙头龙尾，龙头在北端，龙尾在南端，现均已不存，至今仍被村民使用。

张马张氏民居

位于曲阜市南辛镇张马村内。始建于清代，现仅存正房一座，面阔3间，进深3间，前出厦，东西长11.5米，南北宽6.5米，厦宽1.3米，硬山，灰瓦筒瓦覆顶，砖雕山脊，砖砌墙体，木板门，条棂窗，条木门窗上沿，后墙设券形门，为一处较为典型的北方民居。

卜头山望沂亭

位于曲阜市南辛镇东余村东北卜头山上，始建于清雍正十二年（1733年），建筑基本呈正方形，东西长3.5米，南北宽3.4米，檐高2.1米。坐北面南，碎石垒砌墙体，北墙中部砌天然奇石，东西墙设窗户各一，六层石条收分起顶。门上方嵌石碑一通，长0.7米，宽0.3米，行书"望沂亭"，题款为建亭年代及人名。此亭就地取材，面沂河而建，整体保存完整，结构稳定，现仍有村民到此祭拜。

大湖古桥

位于曲阜市南辛镇大湖村西一小河之上，始建于清代。为三孔石板桥，桥面青条石垒砌，长11米，宽3.9米，占地面积42.9平方米，整体保存完整，虽河道早已干涸，但桥仍被村民使用。该古桥的留存为了解当时人们的生产生活活动、桥梁建筑工艺提供了实物资料。

大湖孔氏民居

位于曲阜市南辛镇大湖村内，建造年代约为清代。该建筑面阔3间，进深1间，东西长11米，南北宽6.5米，建筑占地面积约71.5平方米。屋面为仰瓦板瓦覆顶，叠瓦屋脊，墙体内坯外砖，硬山，山花为"富"、"贵"、"寿"、"考"四个字，条石门窗上沿及窗台，木质板门，直棂窗。整体结构稳定，保存较好，仍有人居住。风格及形制类似的建筑在当地还有两处。

大湖古井

位于曲阜市南辛镇大湖村内，始建于清代。该井直径约0.4米，为石质圆形井口，常年取水井绳磨出的痕迹清晰可见。井壁由青石垒砌，整齐完好，腹大口小，井水依然清澈可用，四周用金属杆作为护栏，至今仍被村民使用。该古井的留存为研究本地区民生状态及风俗人情等提供了直观依据。

刘家村古井

位于曲阜市时庄镇刘家村村民刘德林院内，始建于清，原为村民生活用井，现已废弃不用。井口直径0.7米，深约7米，石质方形井台，砖砌圆形井壁，井口旁边有石质接水槽及辘轳架立石，皆保存完整。

大峪古井

位于曲阜市息陬乡大峪村内，始建于清初。石砌井壁井口，腹大口小，圆形井壁，方形井口，长63厘米，宽50厘米，井旁有废弃的辘轳架，井水常年不涸，经多次修建，保存较好，现仍被村民使用。此井为村民的生产生活带来了方便。

太尉祠

位于曲阜市南辛镇中辛村内，建于清嘉庆二十五年（1820年）。祠堂现存大殿、卷棚和方形砖砌庙台。坐北朝南，前为卷棚，后为大殿，总长1.7米，宽1.65米，高2.33米，皆为石质，拱形门，钱纹窗，大殿屋脊条石上雕刻二龙戏珠图案，卷棚西墙上刻重建太尉祠堂的缘由，东墙为"施财题名"。该建筑造型精巧，形制独特，整体结构稳定，保存较好，大殿屋脊断裂为四块，其中一块缺失。其发现为研究清代庙宇的形制与类别提供了重要的实物资料。

岗子李氏民居

位于曲阜市姚村镇岗子村一巷16号，始建于清末。面阔3间，东西长10.5米，南北宽4.7米。木质板门，条棂窗，门框两侧镶门神庙，墙体里坯外砖，硬山，仰瓦板瓦覆顶。建筑布局完整，整体结构稳定，现已无人居住。

凫村古村落

　　位于曲阜市小雪镇凫村内，为儒家思想代表人物孟子诞生地。据曲阜《地名志》记载：该村落形成于春秋战国时期，因孟母洗衣于白马河畔，见凫鸟落于水中，视为吉祥之兆，故取村名为凫村。现存古村落内仍存有清代建造的古民居15座、古桥7座、围墙基址1周、寨沟1周。布局较为清晰，古村风貌犹存。类似此村落的保存状况在北方已属少见。此村落的发现对研究当地的建筑风格及历史风俗习惯具有重要的意义。

化庄村关帝庙

位于曲阜市姚村镇化庄村西，始建于清代，内原供奉关公塑像。建筑面阔3间，东西长9.7米，南北宽5.2米，墙体里坯外砖，硬山，灰瓦筒瓦覆顶，屋脊砖雕荷叶、荷花、鱼、凤凰等图案。西外墙、西屋脊及窗户均遭破坏，原供塑像已不存，内墙壁保存有部分壁画，南墙尚存下联"阴司何曾放过口"。

张家村天齐庙

位于曲阜市姚村镇张家村西，始建于清代。据传原为三进院落，前有大门，后有正殿及东西两庑。现建筑群仅存西庑，面阔5间，南北长12.7米，东西宽4.9米，坐西朝东，土坯墙，砖砌墙垛，硬山，仰瓦板瓦覆顶，部分屋顶及前墙已毁，现已废弃不用。

东岭孔氏民居

位于曲阜市吴村镇东岭村内，始建于清末。该建筑面阔3间，进深1间，西耳房1间，东西长12.9米，南北宽4.35米，面积约56平方米。土坯墙，砖砌墙垛，木质板门，条棂窗，青条石门窗上檐，门框两侧镶门神庙，硬山，仰瓦板瓦覆顶。此民居保存较好，至今仍被村民使用。

峪东孔氏民居

位于曲阜市吴村镇峪东村内，建筑共有两座，均始建于清代。楼房的房基呈正方形，边长为5.15米，面积约26.52平方米，上下两层，各1间，土坯内墙，砖砌外墙，木质板门，砖券门窗上沿，硬山，仰瓦板瓦覆顶。平房面阔3间，进深1间，东西长10.7米，南北宽4.75米，面积约51平方米。墙体里坯外砖，木质板门，条棂窗，硬山，灰瓦筒瓦覆顶。楼房布局完整，保存较好，现由村民孔庆坤使用，平房现已废弃。此建筑为当地一处典型的传统民居，具有一定的文物价值。

峪东观音庙

位于曲阜市吴村镇峪东村内，始建于清代。建筑面阔3间，南北长7米，东西宽6.85米，面积约48平方米。前为卷棚，后为大殿，内原供奉观音像。大殿墙体里坯外砖，硬山，灰瓦筒瓦覆顶。庙内现存碑刻3通，分别为乾隆十二年（1747年）"重修观音堂碑记"；乾隆二十四年（1759年）"创建捲棚碑记"；乾隆四十八年（1783年）"创建影壁碑记"。现卷棚已毁，大殿和3通碑刻保存较好。

大河崖蟠龙井及一善桥

位于曲阜市吴村镇龙尾庄大河涯村内，始建于清代。井口用石头垒砌，略呈长方形，长1.2米，宽1.1米，占地面积1.32平方米，井深不详，井旁有辘轳架立石一块，原为村民生活、灌溉用水，现已废弃不用。井北有小桥一座，有题记曰"一善桥"，桥面长3.8米，宽3米，面积为8.74平方米，桥面用5条青石铺成，边缘有一挡板石，已断为两截。这组建筑的留存为研究当时人们的生产生活的原生状态提供了重要实物资料。

古建筑

三合村翟氏民居

位于曲阜市小雪镇三合村西南部，始建于清代。原有大门、侧门、正房、东西配房、过厅、花园等。现存正房、东配房、过厅。正房面阔3间，东西长10.7米，南北宽4.7米，硬山，钱形山花，灰瓦筒瓦覆顶，东配房面阔3间，南北长9.7米，东西宽4.25米，硬山，南屋山头影门墙与墙合一。过厅面阔3间，东西长10.7米，南北宽5.5米，"寿"字形山花，前有厦，上覆大瓦。该建筑保存基本完整，过厅、东配房屋面已更换为水泥瓦，正房前厦已拆除。

大雪村古桥

位于曲阜市小雪镇大雪村西烟袋河上，东西各1座，始建于明代。西桥桥面长8米，宽4.2米，高2.8米，东桥桥面长8.1米，宽3.3米，高2米，均为三孔石质平板桥，桥面和桥墩用青石垒砌而成，造型墩厚、古朴。据传桥边曾有明代石碑，今已不存。这两座古桥保存基本完整，部分引桥遭破坏，现仍为居民生产生活所用。

苑庄张氏民居

位于曲阜市陵城镇苑庄村内，始建于清末，原为三进院落，后两进院落于20世纪50年代拆毁。现仅存建筑1座，面阔3间，进深2间，东西长10.4米，南北宽6.2米，高6.7米，墙体里坯外砖，硬山，仰瓦板瓦覆顶，前出厦，条式窗棂，木质板门。该建筑保存基本完整，原有脊吻、脊兽已不存，部分木质构件已损毁。

北息陬裴氏民居

位于曲阜市息陬乡北息陬村内，始建于清末民初，为现房主裴凤珍的曾祖父裴昭文所建。现存建筑面阔3间，东西长11.4米，南北宽5.3米，高5.5米，面积60.42平方米。砖砌墙体，硬山，灰瓦筒瓦覆顶，条石门窗沿，木质条棂窗。该建筑主体保存较为完整，其留存为研究当地传统民居的建筑风格提供了实物资料。

孔子还辕桥

位于曲阜市息陬乡北息陬村内。原桥系两孔平板桥，长4米，宽3.4米，高1.73米。相传为春秋末期，孔子六十八岁时（前484年），师徒一行还辕息陬时所过的桥。现仅存桥面，桥体深埋地下。现存清道光二十六年(1846年)所立重修还辕桥记事碑1通，高1.05米，宽0.7米，厚0.2米，修复完整后立于桥南约1000米处，部分碑文字迹模糊。

孔子浣笔池

位于曲阜市息陬乡北息陬村内，基本呈长方形，长25米，宽9米，面积约225平方米。相传为孔子作《春秋》时浣笔之用，池坑延续保存了上千年，现已基本废弃。它的留存为研究孔子当年编纂《春秋》之史实提供了参考资料。

南息陬蔡氏民居

位于曲阜市息陬乡南息陬村内，原有三进院落，现存正房2座，东配房1座。北正房土坯墙，砖砌墙垛，硬山，面阔3间，进深2间，东西长11.6米，南北宽6.3米，前出厦，施彩绘，南墙上砖券3个门神庙。南面正房3间，土坯墙，砖砌墙垛。东配房3间，砖砌墙。各建筑内部结构稳定，北正房屋顶已换成水泥瓦，脊兽已毁，部分彩绘脱落。此建筑是曲阜地区一处典型的传统民居，为研究当地传统民居的建筑风格及居住风俗等提供了实物资料。

大辛庄孔氏民居

位于曲阜市息陬乡大辛庄村内，始建于清代，原为该村孔氏家族族长的住所。共3座建筑，均面阔3间，进深2间，东西长11.5米，南北宽5.8米，高6米。灰瓦覆顶，硬山，前出厦，砖雕钱纹山花，木棂窗，留有后门。其中西院屋顶有脊兽。较典型的清代曲阜传统民居。整体布局基本完整，结构相对稳定，西院现为孔昭海居住，其余两座无人居住，保存状况一般。

韩家铺马鞍桥

位于曲阜市书院街道韩家铺村东500米，清初修建于曲阜通往东海的古道上。石砌单孔拱形桥，桥面东西长20米，南北宽4.6米，拱外径宽4.2米，内径宽3.25米，拱高2.4米。桥拱东西两端原嵌有石质雕龙各一条，南为龙头，北为龙尾，现仅剩西侧龙尾，其余均毁。桥西原立有修桥施财题名碑，现仅存碑座。

董庄北村屈氏民居

位于曲阜市董庄乡董庄北村内。始建于清末。面阔3间，房屋东西长11米，南北宽4.65米。墙体里坯外砖，门框两侧嵌砖雕门神庙，木质条棂窗，青条石窗台，灰瓦筒瓦覆顶。原屋脊损毁，原有的前厦早年也已拆除，是本地区较为典型的传统民居。

孟官庄曹氏民居

位于曲阜市吴村镇孟官庄村内，始建于清代，原为三进院落，有大门等建筑，现仅剩中院。正房面阔3间，东西长11.5米，南北宽5米，东配房面阔3间，南北长9.7米，东西宽4.8米。两座建筑均为硬山，灰瓦筒瓦覆顶，木质板门，木条棂窗。现存结构稳定，保存完好，仍有人居住。

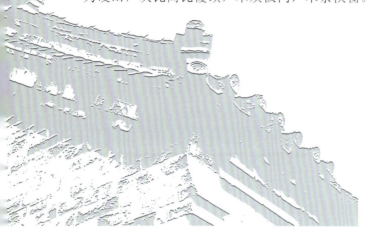

韦家庄官路口石桥

位于曲阜市董庄乡韦家庄村北，一条发源于佛山，向东流入崄河的河面之上，始建于清代。桥呈南北走向，石砌平板桥。南北长12.2米，东西宽3米。桥有5孔，桥面用青条石板搭建，石砌桥墩。桥边原有2通碑，记载修桥的历史，现已不存。据记载，该桥位于通往北京的官道上，为研究古代交通、路桥设施等提供了实物资料。

前夏庄吴延英民居

位于曲阜市董庄乡前夏村内，始建于清末。正房面阔4间，东西长14.7米，南北宽4.8米。东梢间略高出正房，为传统的风水观念所形成。仰瓦板瓦覆顶，叠瓦压脊，墙体里坯外砖，硬山，青条石基。木板门，条棂窗，青条石窗台，门框两侧镶嵌门神庙。整体结构稳定，保存较为完整，部分屋面换成现代瓦。

前夏庄吴永英民居

位于曲阜市董庄乡前夏村内，始建于清代。只存正房面阔3间，东西长9.9米，南北宽4.5米。墙体里坯外砖，硬山，仰瓦板瓦覆顶，叠瓦压脊，木质板门，窗户已改建，门框两侧镶嵌门神庙。青条石窗台。整体结构稳定，保存较为完整，现仍有人居住。

横沟泉刘氏民居

位于曲阜市王庄乡横沟泉村内，始建于清代。建筑面阔3间，东西长11.45米，南北宽6.55米。仰瓦板瓦覆顶，土坯里墙，砖砌外墙，硬山，木质板门，条式木质窗棂，木质门窗上檐，前出厦，室内为各式木雕方格隔间。该建筑主体结构相对稳定，保存较为完整。

林程店裴氏民居

　　位于曲阜市董庄乡林程店村内，始建于清代。正房面阔3间，东西长11.2米，南北宽6.2米。前出厦，厦檐错落于整体屋面，厦宽1.07米，檐柱为六棱石柱。仰瓦板瓦覆顶，叠瓦压脊，硬山，墙体里坯外砖，木质板门，条棂窗，门窗台和上沿为青条石。该建筑形制较为特殊，为研究清代民居的建筑风格和当地的建筑习俗提供了珍贵的实物研究资料。

崔家屯鲁公桥

　　位于曲阜市吴村镇崔家屯村中心，临集市，历史悠久，远近闻名。据始建桥两块碑文记载，该桥兴建于明万历年间。现存桥面已被改建，18根石雕桥栏柱和中间的雕花栏板均经过复制，但仍保留原有风格，两条龙头龙尾重新修复，桥面东西长20米，南北宽9.6米，面积约192平方米。原桥石栏12柱，长11米，宽4米，石拱桥下北龙头南龙尾，为风调雨顺，保平安吉祥之象征。该桥的发现为研究明代当地的桥梁建筑形制及石雕艺术风格提供了重要的实物资料。

古墓葬

古墓葬是人类古代采取一定方式对死者进行埋葬的遗迹。包括墓穴、葬具、随葬器物和墓地。曲阜的古墓葬遍布市境，有古老家族墓地，亦有王公大臣、先贤、学者之墓。历年来发掘出土了大量历史价值较高的珍贵文物，这是探讨不同时代、地区和社会阶层之间埋葬习俗以及所属时代社会生活状况的重要实物资料。

曲阜的古墓葬遍布市境，亦有王公大臣、先贤、学者之墓。

四周的古墓荒凉冷落凄凉，有古老家族族葬地，

有的王公大臣、

老贤、学商之墓。

全国重点文物保护单位

孔林

　　孔林位于曲阜市城北2公里处，本称至圣林，是孔子及其家族的墓地，面积约200万平方米，林区内有树木10万余株，明清古建筑近百间。孔子死后，弟子们把他葬于鲁城北泗水之上，那时还是"墓而不坟"（无高土隆起）。到了秦汉时期，虽将坟高筑，但仍只有少量的墓地和几家守林人。后来随着孔子地位的日益提高，孔林的规模越来越大。东汉桓帝永寿三年（157年），鲁相修孔墓。宋代宣和年间，又在孔子墓前修造石仪。元文宗至顺二年（1331年），修建了林墙，构筑了林门。明洪武十年（1377年），增广林田。永乐年间，扩孔林为18顷，并再次修筑林墙。清康熙二十三年（1684年）将孔林扩为3000亩的规模。雍正八年（1730年），大修孔林，耗帑银25300两，重修了各种门坊，并派专官守卫。孔林作为一处家族墓地，2000多年来葬埋从未间断。在这里既可考春秋之葬、证秦汉之墓，又可研究我国历代政治、经济、文化的发展和丧葬风俗的演变。

万古长春坊　位于孔林的林道上，明万历二十二年（1594年）建，石质结构，六柱五间五楼，坊上雕有盘龙、舞凤、麒麟、骏马、斑鹿、团花、祥云等精美图案，气势宏伟，造型优美。

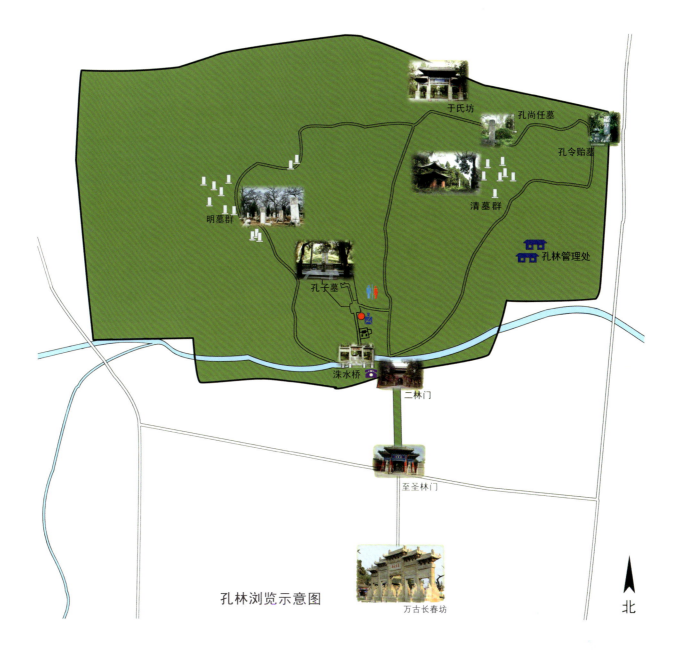

孔林浏览示意图

于氏坊　孔尚任墓　孔令贻墓　孔林管理处　清墓群　明墓群　孔子墓　洙水桥　二林门　至圣林门　万古长春坊

北

"墓古千年在，林深五月寒"，孔林内现有树木10万多株。相传孔子死后，"弟子各以四方奇木来植，故多异树，鲁人世世代代无能名者"，时至今日孔林内的一些树株人们仍叫不出它们的名字。其中柏、桧、柞、榆、槐、楷、朴、枫、杨、柳、雒离、女贞、五味、樱花等各类大树，盘根错节，枝繁叶茂；野菊、半夏、柴胡、太子参、灵芝等数百种植物，也依时争荣。孔林不愧是一座天然的植物园。

"断碑深树里，无路可寻看"。在万木掩映的孔林中，碑石如林，石仪成群，除一批著名的汉碑移入孔庙外，林内尚有李东阳、严嵩、翁方纲、何绍基、康有为等明清书法大家亲笔题写的墓碑。因此，孔林又称得上是名副其实的碑林。

孔林1961年被国务院公布为全国重点文物保护单位，1994年被联合国教科文组织列入世界文化遗产名录。

古墓葬

孔林大门　至圣林门始建于元代至顺二年（1331年），大门
牌坊为明永乐二十二年（1424年）添建，清雍正年间改称
"至圣林"。为孔林的第一道大门。

洙水桥　位于孔林孔子墓前，
洙水，原为西周鲁国故城北城墙
外的护城河，后成为泗水的分支，
在曲阜北形成洙、泗二水，因孔
子当年讲学于洙泗之间，故以洙
泗作为儒家代称。随着孔林的扩
建，洙水部分河段被圈入孔林内。
孔林内有洙水桥三座对称而设，
中桥拱起如虹，前有"洙水桥"
石坊，为明嘉靖二年（1523 年）
建，坊额上"洙水桥"三字乃明
代权臣严嵩所书。

孔子墓甬道 北宋宣和五年（1123年）刻立望柱、石兽、石人等石仪。

子贡手植楷　孔子死后，弟子们带来各自家乡树种栽植在孔子墓周围，以示怀念，此树为子贡所植楷树，在明代枯死，仅存树桩，已建石亭立碑保护。

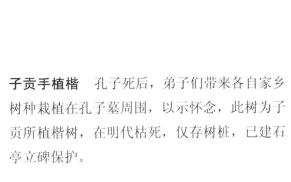

孔子墓 孔子生于公元前551年，卒于公元前479年，享年七十三岁，卒后葬于此。墓前有二石碑，前为明正统八年（1443年）所立，黄养正书；后为元乃马真后三年（1244年）孔子五十一代孙衍圣公孔元措立。

孔鲤墓 孔鲤（前532—前483年），字伯鱼，孔子之子，北宋崇宁元年（1102年）被封为泗水侯。墓前有二石碑，刻立时间与孔子墓相同。

孔伋墓 孔伋（前483—前402年），字子思，孔鲤之子，战国时期著名的思想家、哲学家，四书之一的《中庸》为其代表作。北宋崇宁元年（1102年）被封为沂水侯，南宋咸淳三年（1267年）加封为沂国述圣公。墓碑刻立时间与孔子墓相同。

于氏坊 于氏为七十二代孙衍圣公孔宪培元配夫人，清朝乾隆时大臣于敏中之女，传为乾隆之女。死后朝廷循例派官员御祭，并特敕在墓前建坊，祭文刻在坊心正面，背面书"鸾音褒德"四字。

孔令贻墓 孔令贻（1872—1919年），字谷孙，号燕庭，孔子七十六代孙，袭封衍圣公。

123

汉鲁王墓

　　汉鲁王墓位于曲阜市和邹城市境内，曲阜市所属的共有8座，分别是位于九龙山上面南的编号为1—5号的5座，亭山上面西的2座，孟母林内马鞍山上面东的1座。邹城市所属的共有6座，分别是位于四基山上的3座，云山上的3座。云山西部与九龙山、亭山汉墓相望。

　　据考古调查和史书记载，自西汉高后吕雉元年（前187年）始封其外孙张偃为鲁王，至东汉末年两汉鲁国共历十四王407年。其中有十二王在死后是按诸侯王的礼制进行营葬。汉鲁王墓就是这些王陵的一部分。

　　曲阜市九龙山汉鲁王墓共5座，皆位于半山腰处，依山凿洞，东西并列，墓门向南。1970年5月，发掘清理了西边的4座，其中3号墓墓道南北长37.5米，东西宽4.6～4.8米，壁高18.4米。墓道北端近墓门处，有东西耳室，室内专置车马。墓门呈长方形，后接甬道。门用19块长方形的巨石堵塞。其中有14块刻有篆体阴文，刻有人名或尺寸，如"王陵塞石广四尺"等。在甬道北端距前室1.5米处，东西两侧又有小甬道，通向东西耳室，是贮存粮食、饮料等食物的仓库。前室是一个宽大的厅堂，东西长8米，南北宽6.3米，高4.2米。后室为椁室，长宽各6.5米，高4.4米，平顶。北壁中央凿一壁龛。墓室从前到后，有完整的墓底排水系统，分为两股，利用自然山缝为渗井，使水顺沟倾泻山下，以保持墓室的干燥，除后室和前室四周为明沟外，其余均以石板覆盖形成地面平整的暗沟。其余三座墓的布局与3号墓大致相同。

九龙山汉鲁王墓从其形制和出土的随葬品来判断，属于汉代鲁王的陵墓，云山、四基山汉鲁王墓开凿于西汉时期，规模宏大，保存完整，虽未进行考古发掘，但参照西汉九龙山崖墓的发掘资料，当属西汉鲁王陵寝。

　　汉鲁王墓对研究西汉诸侯王丧葬制度及古代陵墓工程技术有着重要价值。1977年以九龙山崖墓群公布为山东省文物保护单位，2001年以汉鲁王墓公布为全国重点文物保护单位。

山东省文物保护单位

防山墓群

　　防山墓群位于曲阜市防山乡、防山西麓，时代为周、汉，传为鲁诸公墓。墓群分布在长约1公里的防山山脉西麓的顶部，据载原有墓冢22座，现仅存10座。封土最大的一座南北长78米，东西宽53米，斜高43米，较小的一座直径约10米，斜高2.5米，墓前均无碑碣。据已暴露的墓葬观察，墓室依山势直凿穿石而下，前有墓道，上为封土，多为夯筑。第一次全国文物普查时在该区域曾采集到鼎、豆、盘等陶器残片及几何花纹方砖等遗物，《曲阜的历史名人与文物》记述：1965年在防山墓群被破坏的大墓中出土有春秋时期的黄色玉磬、玉璜。另据《魏书·地形志》、《曲阜县志》等史籍记载，防山墓群属周代鲁国诸公墓。2003年经上级部门批准，曲阜市文物管理局曾对7号墓进行了抢救性发掘，由于墓葬多次被盗，破坏严重，墓内出土遗物较少，确切年代仍不易判定。1977年被公布为山东省文物保护单位。

韦庄墓群

韦庄墓群位于曲阜市董庄乡韦家庄，是韦氏家族墓地，时代为周至汉。墓群南北长300米，东西宽约150米，原有墓葬1000余座，墓碑100余块，松、柏、杨等各种树木500余株。1966～1967年，树被伐光，碑毁殆尽。1978年为修水库，取土筑坝，墓区被夷为平地。韦庄墓群1977年被公布为山东省文物保护单位。

姜村古墓

姜村古墓位于曲阜市小雪镇姜家村，此处原有墓冢14座，13座已夷为平地，仅存此墓。锥形封土，南北长105米，东西宽97米，锥坡斜面高度55米，封土经过夯实，夯层分明。由于未经发掘，墓室结构不详，仅从暴露出的陶片、砖瓦等断为汉代墓葬。姜村古墓1977年被公布为山东省文物保护单位。

孟母林墓群

　　孟母林墓群位于曲阜市小雪镇凫村东，是战国时期儒家文化代表人物孟轲父母及部分孟氏后裔的墓地。林墓区包括马鞍山在内，占地总面积45.6万平方米。林东南为林门，门前有林道。林内松柏等古树万余株，并有享殿、文昌阁、望峄亭等建筑。孟母林享殿是祭祀孟母之所，殿后有清代所立"启圣邾国公端范宣献夫人神位"碑1幢，碑前有石供桌。孟母墓位于享殿西约60米，呈圆丘形，高4米，围65米。墓前有元代元贞二年（1296年）孟氏五十一代孙所立孟母墓碑1幢，碑前置石供桌、石香炉和一对石雕烛台。孟母墓西南为孟仲子墓，亦呈圆丘形，高2米，围25米。享殿东北有孟氏四十五代中兴祖孟宁墓，呈马鬣形，高3米，围20米，墓前有一石香炉。孟母因有三迁、断机之家教母仪，随着孟轲地位的提高，受到后世的尊崇。唐天宝七年（748年）立祠祭祀，元延祐三年（1316年）追封为邾国宣献夫人。

　　孟母林西有一村庄，名为凫村，是孟子的出生地。村内的东西大街为孟子故里街，街东首有"孟子故里"坊1座。往西路北有一坐北向南的孟子故宅，院内有正殿3间，灰瓦悬山顶，前厦后座，四梁八柱，上饰木雕斗拱。殿内正中原有孟子父母塑像两尊，东西两间有配享塑像，东为孟氏始祖孟子，西为孟氏四十五代孙、中兴祖孟宁，皆毁于"文革"时期。1977年被公布为山东省文物保护单位。

千古钟灵地
依依在此林
昔贤历说意
燕母属迁心

清·孔传铎

古墓葬

129

少昊陵

少昊陵，位于曲阜城东4公里的旧县一街东北隅，防山山脉向西的延伸线上，地势比周围略高。是三皇五帝之一少昊的陵墓。

《帝王世纪》载"少昊自穷桑以登帝位，徙都曲阜，崩葬云阳山。"云阳山即今天的少昊陵。少昊陵园南北长231米，东西宽90米，周有墙垣，陵前有林道，陵门3间，门前有石坊一座，上刻"少昊陵"3字，院内有享殿5间，东西各有配殿3间，享殿后便是金字塔式的陵墓，以2662块磨光料石堆砌而成，呈覆斗状，俗称"万石山"。陵上建有方形石室，高2.6米，内供宋代圆雕汉白玉坐像一尊。少昊陵因其特殊的陵墓形制，有"东方金字塔"之称。这在中国古代帝王陵寝中别具一格，实为罕见。

金、元、明、清时期，少昊陵由曲阜知县奉旨致祭并负责维修管理，一直受到很好的保护。少昊陵1977年被公布为山东省文物保护单位，1992年成立了文物管理所。

少昊陵大门

少昊陵亨殿

享殿神龛

安丘王墓群

　　安丘王墓群位于曲阜市吴村镇王林村后，为明代早期郡王墓地。有墓葬3座：一座为圆丘形封土，直径80米，斜面高35米，俗称"钓鱼台"；一座南北长40米，东西宽24米，斜面高度20米；一座于1958年夷为平地，墓室下塌，发现砖砌券形墓室，出土一合圹志铭，盖铭曰："鲁府安丘王镇国将军圹志铭"，篆书阴线刻，据底铭知墓主为第三代安丘王朱阳釜的第三子、镇国将军朱当沿。据《兖州府志·天潢志》记载，朱元璋封他的第十个皇子朱檀为鲁王，于兖州立国，死后谥为"荒王"。第二代鲁王是靖王朱肇辉，明宣德二年（1427年）其第四庶子朱泰宁被封为安丘王，谥号"靖恭"。朱泰宁之子朱阳釜为第三代安丘王，谥号"庄简"。朱当沿就是安丘庄简王朱阳釜的第三子，明成化二十二年（1486年）六月受封为镇国将军，死后归葬于兖州鲁府东北的属地九仙山中。其余两座墓冢因未发掘，尚不知墓主为何人。安丘王墓群1977年被公布为山东省文物保护单位。

梁公林墓群

梁公林墓群位于曲阜城东13公里、梁公林村北，为孔子父叔梁纥、母颜征在、兄孟皮的墓地。面对防山，背倚泗水，林内古柏参天，桧楷成荫，是仿孔林建造的又一处人造园林。梁公林南北长200米，东西宽143.4米，林前有神道，林中有内围墙。叔梁纥，字叔梁，名纥，鲁国陬邑大夫，以勇猛剽悍闻名，先婆施氏生九女，再婆妾生孟皮，后婆颜氏生孔子。宋大中祥符元年（1008年）追封为齐国公；元至顺元年（1330年）加封为启圣王。

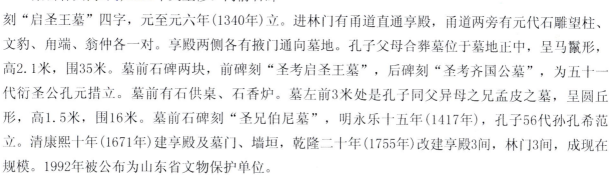

梁公林大门3间，2009年又重修。门前石碑刻"启圣王墓"四字，元至元六年（1340年）立。进林门有甬道直通享殿，甬道两旁有元代石雕望柱、文豹、甪端、翁仲各一对。享殿两侧各有掖门通向墓地。孔子父母合葬墓位于墓地正中，呈马鬣形，高2.1米，围35米。墓前石碑两块，前碑刻"圣考启圣王墓"，后碑刻"圣考齐国公墓"，为五十一代衍圣公孔元措立。墓前有石供桌、石香炉。墓左前3米处是孔子同父异母之兄孟皮之墓，呈圆丘形，高1.5米，围16米。墓前石碑刻"圣兄伯尼墓"，明永乐十五年（1417年），孔子56代孙孔希范立。清康熙十年（1671年）建享殿及墓门、墙垣，乾隆二十年（1755年）改建享殿3间，林门3间，成现在规模。1992年被公布为山东省文物保护单位。

林放墓(含问礼故址)

林放墓位于曲阜市小雪镇林家村西北,大沂河南岸,东104国道西侧。林放,孔子弟子,姓林,名放,字子丘(《阙里文献考》),春秋末鲁国人,逝世后葬于此。墓地东西长100米,南北宽50米,林放墓居中,前有石碑、供桌,碑上刻"先贤长山侯林子放墓"。《论语·八佾》载:"林放问礼之本。子曰:'大哉问'!礼,与其奢也,宁俭;丧,与其易也,宁戚。"后世为强调孔子主张重礼,便选定问礼故址,并立碑纪念。《续修曲阜县志》载:"先贤林放墓,在城南八里林家村西北。墓之东南有'问礼故址'碑"。林放墓现已孤立于耕地田野之中,封土高2米,林放墓西南有林氏中兴祖墓,封土高2米;林放墓东南约300米,相传为林放问礼处,有"问礼故址"碑一块,刻立于清代乾隆年间,现碑已移入孔庙。2006年被公布为山东省文物保护单位。

东颜林

　　东颜林位于曲阜市防山乡程庄村东北约1公里，防山山脉的南麓，曲尼公路南500米处，是复圣颜子及其家族的墓地。颜回早于其父而死，其父颜无繇死后亦葬于此。后颜氏结冢而葬，形成墓区。唐开元二十七年（739年），玄宗李隆基诏封颜子为兖国公。依制立碑，建享殿于墓前，金世宗大定二十四年（1184年）三月，五十代衍圣公兼曲阜县令孔摠为颜回立碑。由太原王筠书"先师兖国公之墓"。明嘉靖二十六年（1547年）又立鲁王府辅国将军朱当沍篆书"兖国复圣公墓"碑。清康熙二十六年（1687年）修建享堂3间。清乾隆三十七年（1772年）重修颜子墓享殿，新建内墙及林门，内墙高1.8米，青砖覆顶。林内原有颜子墓、杞国公墓、二世祖鲁大夫墓等古墓葬约1200座，碑石70余块，各类树木9000余株。其林内碑刻、享殿、围墙等建筑于"文革"期间毁掉。

　　东颜林南北长470米，东西宽207米，面积约为9.7万平方米，林前有神道，大门3间，颜子墓前现存享殿基址3间。1986年，曲阜市人民政府，曲阜市文物管理委员会复制明代篆刻"兖国复圣公墓"墓碑并将其立于颜子墓前。2002年，由曲阜市颜子研究会筹集资金，重修了东颜林围墙和大门，使东颜林的文物得到更加完善的保护管理。2006年被公布为山东省文物保护单位。

曲阜市文物保护单位

西颜林古墓

位于曲阜市鲁城街道五泉庄村，是一处不规则的东西长方形林墓区，面积约120000平方米，始成于唐五代时期，复圣颜子后裔长子长孙、世袭翰林院五经博士皆葬于此。1964年春文物普查时，有柏、楷等古树1771株，唐、宋、元、明、清石碑300余通，此林墓群地上文物在"文革"中均被毁，但墓地布局和地貌仍存。1986年被公布为曲阜市文物保护单位。

五泉庄古墓

位于曲阜市鲁城街道五泉庄村，为汉代单体墓，封土周长约90米，斜高15米，墓室情况不详，地面散落有汉代的陶片、砖等遗物，当地村民传为"霸王坟"。该墓多次遭到盗掘。1986年被公布为曲阜市文物保护单位。

有若墓

位于曲阜市鲁城街道南泉居委。原墓区南北长47米，东西宽46米，有若墓居中偏北，原封土直径为5米，高4米，周围以砖砌成八角形，墓前由七十二代衍圣公孔宪培立的"先贤有子之墓"碑，墓和碑均于"文革"时毁弃。1986年被公布为曲阜市文物保护单位。

巨野王墓群

位于曲阜市小雪镇武家村。该墓群始建于明代，"文革"期间被村民挖开一座，出土墓志铭一块，上刻有："巨野王辅国将军墓志铭"。同时在此周围暴露有数座墓葬遗迹，故称为巨野王墓群。此墓群的发现反映出以家族为中心的丧葬习俗，同时也折射出当时人们的社会生活习俗。1986年被公布为曲阜市文物保护单位。

武文昌墓

位于曲阜市小雪镇武家村。该墓地始建于明永乐三年（1405年），原墓冢封土高大。墓主名为武兴，字文昌，号福海，祖籍安徽凤阳人。明洪武年间移居山东曲阜，为人光明磊落，品行端正，积德从善，德高望重，深受乡邻崇敬，在此繁衍生息，成为名门望族。石碑为清光绪三十四年（1908年）所立，碑文记述了墓主人生平及后人繁衍脉络。此碑反映出当时社会的价值判断，从碑额双龙的艺术造型中暗喻出富贵永享的祝愿。1986年被公布为曲阜市文物保护单位。

古墓葬

公孙丑墓

位于曲阜市陵城镇北公村，公孙丑为战国时人，孟轲弟子。因对儒家思想作出杰出贡献，深受人们的尊崇，建其陵园以示祭奉。原墓地占地面积3600平方米，高筑围墙，前有享殿、亭楼等建筑，碑刻6通，墓封土高约4米，墓前立有明永乐"公孙丑孙夫子之神墓"碑。1964年被村民平整为耕地，平整时发现大量叠压石棺墓，出土了铜剑、铜镜、陶质冥器等器物。1986年被公布为曲阜市文物保护单位。

孔继涑墓群

位于曲阜市时庄镇大柳村，孔继涑，字体实，号谷园，别号葭谷居士，孔子六十九代孙衍圣公孔继濩的五弟。孔继涑墓为南北向，周长10米，高约3米，墓室不详。墓前有梁同书题"至圣六十九代孙候补内阁中书谷园先生墓"石碑，东一墓碑上刻"至圣七十代孙静吾孔君墓"。现墓地大部分被民房占压，墓中封土残存迹象，两通碑刻保存较好。1986年被公布为曲阜市文物保护单位。

张温林墓群

位于曲阜市书院街道张王村，为张氏家族墓地。始于五代，延续至清，面积约20000平方米。张温，号横渠，孔子四十三代孙孔仁玉的外祖父，因有功于孔家而尊封。墓前原有宋真宗咸平二年（999年）"故唐齐鲁尹讳温横渠先生张公之墓"石碑，墓群破坏严重，现地上已无遗迹保存。1986年被公布为曲阜市文物保护单位。

东野林墓群

位于曲阜市书院街道东野村，为周公后裔东野氏家族的墓地。面积约26000平方米，林内原有元、明、清历代石碑及古树，另有石羊、石人、华表等石刻，现仅存部分。墓群破坏严重。1986年被公布为曲阜市文物保护单位。

柴家峪古墓

位于曲阜市息陬乡柴家峪村。南北排列两座大墓冢，总面积约1500平方米，高约8米，北面墓冢封土东西长30.2米，南北宽26.3米，南面墓冢封土南北长27.2米，东西宽26.2米。由于未经发掘，其墓葬形制、结构、墓室情况不详。因周围发现许多汉墓，故暂列为汉墓。1986年被公布为曲阜市文物保护单位。

小花山汉墓群

　　位于曲阜市小雪镇南雪村，向东延绵约2公里，面积约2000000平方米。2000年建设日东高速公路取土时发现大批汉墓，山东省考古研究所对其部分进行了发掘。其东部窑厂取土时亦有墓葬发现，部分墓葬被盗墓者盗掘。从目前地貌状况分析仍可能有大量汉墓埋于地下。该墓群以中小型墓葬为主，多为石匣墓，随葬品以陶器为主，器形主要有鼎、盒、壶、盘、匜等。该墓群的发现为研究本地区汉代古墓葬的分布状况及人类生活区域情况提供了丰富的实物资料。2010年被公布为曲阜市文物保护单位。

西大峪古墓

　　位于曲阜市南辛镇西余村，墓葬背倚柴山，当地村民俗称"王坟"。该墓四周有残存的石砌围墙，南北长约112米，东西宽约80米，围墙墙基宽1.4米，地面可见的围墙总长约150米，墓园占地面积约9000平方米。墓园前部正中有一片高台，地面散落零星砖瓦碎片，似为该墓园享堂建筑遗址。墓穴位于墓园中部偏上，墓穴封土高约1米，封土面积约100平方米。根据以上所述墓葬形制推断，应为一座明代藩王墓，保存状况较好。2010年被公布为曲阜市文物保护单位。

侯家山墓群

位于曲阜市息陬乡冷家庄。墓群面积约6000平方米，山高约20米，东部早年曾做采石场，上部由碎石砾堆积而成，形成年代不详。2008年第三次全国文物普查时发现顶部有盗洞，周围有多处墓暴露。被盗墓葬为平面开口凿石为室的双室墓，并有一耳室。墓门朝北，刻有玉璧穿带纹，墓室内没有文物存留。从墓室的形制判断应为汉墓。从多处墓葬暴露情况看，周围还应有墓葬存在。2010年被公布为曲阜市文物保护单位。

西魏庄古墓

位于曲阜市南辛镇西魏庄村，面积约10000平方米，当地人俗称 "皇姑坟"。相传明鲁王之女曾嫁给此村张姓人家，死后埋于此地。据村民介绍，该墓原有封土堆，封土高约2米，现封土已被铲平。墓前原有石香炉一尊，已被毁坏。墓前20米曾建有享殿，现地表仍可见大量的黄绿琉璃瓦残片、砖、石块碎片等建筑构件，墓东南50米处有石质立柱一根。根据遗留的建筑遗迹和历史资料推断，该墓应为一明代公主坟。2010年被公布为曲阜市文物保护单位。

汉下汉墓群

　　位于曲阜市书院街道汉下村，南北长约500米，东西宽约450米，面积约200000平方米。20世纪90年代初村民在此取土时首次发现，墓葬多为石椁墓，个别墓石上有几何纹画像，出土器物有铜器、玉器、陶器等，根据出土器物特征分析该墓群为汉代墓群。2010年被公布为曲阜市文物保护单位。

尚家园墓群

　　位于曲阜市防山乡尚家园村，面积大约有10000平方米，墓葬数量不详。据村民介绍，该墓群曾被盗掘，未留下任何遗物，现地表仅暴露出一个双室墓和一个单室墓。依据暴露出的墓室结构推断此处应为汉代墓葬群。2010年被公布为曲阜市文物保护单位。

甘辛庄古墓

　　位于曲阜市南辛镇甘辛庄村，四周建有石质陵园围墙，围墙南北长122米，东西宽67米，墙基宽约1.2米，呈东北—西南走向，面积约8000平方米，墓冢封土现已不存，地表可见零星建筑构件，推测应有享殿等墓上建筑。依据暴露墓室的结构及形制，初步推断该墓应为明代藩王墓葬，两座墓葬均已被盗，陵园四周墙体已被人为破坏。2010年被公布为曲阜市文物保护单位。

第三次全国文物普查新发现文物点

前坊岭明墓

位于曲阜市时庄镇坊岭前村,原有明墓两座,两墓相距300米,俗称此墓为西墓,面积约为100平方米。相对此墓的东墓,在"文革"时期被红卫兵无序挖掘。由于该墓早期被盗,出土物较少,有金耳坠、头簪、数件锡器及墓志铭一块,从墓志铭得知东墓为明嘉靖五年(1526年)滋阳府第五镇国将军健护之墓,墓志铭现存于孔庙西仓。据此推断此墓应为同期墓葬,现此墓封土已被村民夷为平地,地下墓制不详。

朱家峪明墓

位于曲阜市南辛镇西余村,墓主人不详。从墓前香炉造型风格及被盗墓分子盗挖出的墓砖分析判断,该墓应为明代贵族墓葬,墓前石质香炉方形底座,通高1米,直径0.85米,原香炉有耳,后被毁。该墓封土已不明显,现面积为625平方米,地面散落有墓砖及筒瓦,该墓葬的留存为研究明代贵族丧葬习俗提供了直观的实物资料,具有一定的历史文化价值。

西幔山墓群

位于曲阜市南辛镇幔山前,为幔山西村、小烟庄集体用地,2000年小烟庄村修乡村公路时首次发现十余座古墓葬。第三次全国文物普查实地查看,认定为是一战国、汉代时期的古墓葬群。乡村公路西侧现场暴露有墓葬,根据墓葬形制分析判断应为战国时期墓葬,该墓群面积较大,其发现为研究战国、汉代早期墓葬的分布状况及古代人文地理环境提供了丰富的实物资料。

桑庄东北汉墓群

　　位于曲阜市南辛镇桑庄村，面积约为10000平方米，因未经勘探发掘，其墓葬数量及其分布情况不详。1993年曾清理出一座汉墓，该墓为石砌多室墓，叠涩起顶，有前后墓室和东耳室，前后室墓壁上刻有几何纹、鱼纹、玉璧穿金带纹等画像；出土随葬品有泥质灰陶罐、壶、鼎、盘、匜、井、灶、奁等，从其墓葬形制和随葬器物综合分析，此墓的年代应为东汉早期。

小峪小北山汉墓群

　　位于曲阜市息陬乡小峪村，2008年曲阜市第三次全国文物普查时发现，墓地部分被破坏，部分被民居占压，山体西侧有墓石裸露，从村民建房时挖掘出土的器物判断应为西汉时期墓葬，器物有陶盘、陶匜、彩绘陶盒、陶壶等。据村民反映周围时有墓葬发现，面积为600平方米左右。

夏家村宋墓

　　位于曲阜市书院街道夏家村，砖砌墓室，圆形券顶，墓室前有一条墓道，墓道方向由西北朝向东南，墓内无文物留存，从墓葬形制特点分析判断为宋代墓葬。

黄山古墓

　　位于曲阜市董庄乡黄山，当地村民俗称"王林圈"。墓冢已塌陷，直径约10米，面积约为15平方米，墓冢南20米有享殿基址，地面散落有大量的砖石等建筑构件。墓冢周围有围墙基址，墙基宽80厘米，呈不规则矩形，东西长150米，南北宽50米，面积约7000平方米。南围墙基址中部有墓门基址。根据其形制结构判断，该墓应为明代一藩王墓葬。

大庙古墓

　　位于曲阜市董庄乡大庙村，1964年在此处曾发现一洞，洞深20多米未探到底。在洞口附近发现大口碗、瓷盘以及带有花纹的方砖。洞口两旁有古墓两座，墓东立有一碑，上面刻有"仪制令"三个大字，两边是小字："贱避贵、轻避重、少避老、来避去"。经鉴定为汉代遗物。2008年第三次全国文物普查时发现该洞已填平，墓冢封土高1.2米，呈不规则形，面积约为9平方米，在其周围未发现任何文物遗存。

桑庄陈家林墓群

　　位于曲阜市南辛镇桑庄村，墓群东西长200米，南北宽180米，面积约35000平方米。林内原有元代陈良墓。清光绪版《邹县续志卷二·方域志·古迹》中载："元，陈良墓，在北桑庄西南里许，元时显忠校尉。至元二十四年（1287年）曲阜县尹孔思诚题墓。"墓前旧有石羊、石像生等，后扩为陈家林。2008年第三次全国文物普查时发现石羊、石像生均已不存，墓群南存有石质立柱二根，地面散落有较多的墓砖。据地面暴露的墓砖及历史资料判断，此处应为元至清时期的墓葬群。

南官庄墓群

　　位于曲阜市南辛镇南官庄村，处于丘陵地带，面积约30万平方米，系南官庄村民进行生产生活活动时发现。2008年第三次全国文物普查时发现地表暴露有大量被盗石匣墓，墓以中小型为主，大多为单室石匣墓，墓石上刻有几何纹饰和穿璧纹饰。从地貌状况分析仍可能有大量墓葬埋于地下。根据墓冢的形制特点分析此处应为一处汉至清时期的墓群。整个墓群保存状况一般。

夏家村汉墓群

　　位于曲阜市书院街道夏家村，南北长约100米，东西宽约50米，墓葬数量不详，地表散落有较多的墓石碎块。村民曾从此地挖沙取土时出土有不少的陶罐、陶碗及墓砖，根据陶质、陶色和墓砖判定，此处为一处汉代墓群。墓群现被一窑厂占用，保存状况较差。

大烟庄墓群

　　位于曲阜市南辛镇大烟庄村，2005年村民修路时发现墓葬5座，其中有两座由当地文物管理部门进行了抢救性清理。所清理墓葬均为砖砌单室券顶墓，墓室内有砖雕仿木结构、灯台等，清理出随葬品有铜钱、瓷罐、瓷碗等，根据墓葬形制和出土器物特征判断，该墓群为宋代墓葬。

古墓葬

桑庄西墓群

　　位于曲阜市南辛镇桑庄村，面积约为30000平方米，系20世纪80年代村民进行生产活动时发现，墓葬数量不详。2008年第三次全国文物普查时发现有暴露的石匣墓，墓为单室石匣墓，墓内已无文物遗存。整个墓群分布着大量的墓石碎块和墓砖等遗迹。据暴露的墓穴形制特点和文物遗存推断此处应为明代墓群。

旧县东大岭汉墓群

　　位于曲阜市书院街道旧县村东，面积约600000平方米，墓群呈不规则形分布。1984年修建兖石铁路时被发现，墓群内有墓冢上千座，根据墓室形制、画像石风格及墓葬出土随葬品分析，墓群年代为汉代。修建兖石铁路复线及京福高速公路时又有多处墓葬被发现，在劳动生产过程中也时有墓葬被发现。1998年、2000年山东省考古研究所曾在墓群内进行过两次抢救性发掘，共清理墓冢50余座，出土文物一批。

红楼明墓群

位于曲阜市时庄镇红楼村，大致呈长方形，东西长130米，南北宽77米，面积约10000平方米。20世纪七八十年代该地原为窑厂，现已废弃。据村民介绍此处曾出土有大量陶片和瓷器，据地表暴露的石匣墓的形态结构判断为明代墓群。

后孟家庄墓群

位于曲阜市王庄乡后孟家庄村，面积大约有5000平方米。据村民介绍，此处取土时，发现一座大型的石匣墓，同时也发现了大量的砖室墓。墓砖大多被村民运走，墓石仍留在原地，墓中出土遗物已不可考。其墓葬形制、结构、数量均不详，依据暴露出的墓石初步推断该处为汉代墓葬群。

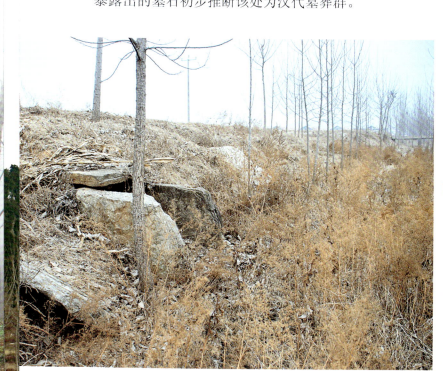

南辛北村墓群

位于曲阜市南辛镇北辛村，尼山通往北辛村的一河沟两岸。墓群东西长约150米，南北宽约40米，暴露地表的共7座，已被盗，均为单室石匣墓。墓冢距地表约30～50厘米，形制简单，未见任何墓中遗物，墓群具体年代不可判定。

全国重点文物保护单位

曲阜鲁国故城

　　曲阜鲁国故城遗址位于曲阜城区内，始建于西周初年。遗址东西长3.7公里，南北宽2.7公里，面积17000余亩，平面呈扁长方形，城垣总周长11公里多，至今地面残存高约10米的城墙2000余米和一些台地，地下更是埋藏着大量文物遗址。

　　据考证，公元前11世纪，周武王"封周公旦于少昊之墟曲阜，是为鲁公。"周公姬旦因留在京城辅助周成王，其子伯禽到鲁代父就封，并带来了大量的礼乐典籍，使曲阜成为除了周王朝首都镐京以外文化最发达的地方之一，是当时我国东部一个重要的政治、经济、文化中心，也是两周时期著名的城市之一。至公元前249年鲁被楚灭掉，共传34世，历800余年。

曲阜鲁国故城的城市布局是严格遵循《周礼·考工记》有关城市形制规定所建，"方九里、旁三门，国中九经九纬、经涂九轨；左祖右社、前朝后市、市朝一夫"。

　　1977至1978年，山东省文物局组织专业人员对曲阜鲁国故城进行了勘探和试掘，初步查明了曲阜鲁国故城的年代、形制、城市布局和地下文物的分布情况。勘探中发现曲阜鲁国故城有城门11座，东、西、北面各3座，南面2座，城内交通干道10条，纵横各5条。中心是宏大的宫殿建筑群。宫城、城门、两观、祭坛，构成鲁故城南北中轴线；宫殿区位于城中部偏北，即今天的周公庙一带。在宫殿区的东、西、北三面环绕着铸铜、冶铁、制陶、制骨等手工业作坊和一些居住址。考古发掘还出土了一大批珍贵文物，包括陶瓷器400余件、铜器200余件、玉石器100余件以及金银器、骨、角、牙、蚌等。其中玉马、玉璧、铭文铜器、银猿带钩等，制作精美，年代确切，是研究当时社会状况的宝贵资料。另外，在城的西部发现四五处墓地。依照勘探结果，把曲阜鲁国故城内文物分布比较集中的区域划定了36处重点保护区，共2743亩，约占曲阜鲁国故城总面积的16%，其他区域为一般保护区。曲阜鲁国故城是保存较好的周代城址之一，对研究中国先秦城市史有着重要意义。

　　鲁故城所拥有的众多的文物遗存，被誉为地下博物馆，是不可多得的珍贵的历史文化遗产，为研究我国周代都城的建筑形制和布局提供了直观的实物资料，具有重大的历史价值、艺术价值和科学价值。1961年曲阜鲁国故城遗址被国务院公布为全国重点文物保护单位。

山东省文物保护单位

少昊陵遗址

　　少昊陵遗址位于曲阜市书院街道旧县一街北，少昊陵西墙外，属大汶口文化。遗址呈不规则形，面积约15000平方米，文化层堆积厚度约2米，遗址东西约150米，西至崖头下，东部深入少昊陵院墙内；南北约150米，北至崖头下，南部被民居占压。遗址遗物丰富，局部有灰坑和大片红烧土暴露。地表遗留物较少，采集的标本有大汶口文化的石斧、凿形的鼎足、泥质黑灰陶觚形杯、泥质红陶小口罐、陶纺轮等。2008年第三次全国文物普查对其进行复查，采集标本有陶足、红烧土等。少昊陵遗址是一处典型的新石器时代大汶口文化遗址，它的发现从考古上证明了该地区早在传说的三皇五帝时代，的确有人在此劳动生息。

少昊陵遗址1985年被公布为济宁市文物保护单位，2006年被公布为山东省文物保护单位。

西夏侯遗址

　　西夏侯遗址位于曲阜市息陬乡西夏侯村西约 500 米，沂河南岸约 500 米。据地表陶片的分布范围推测，遗址南北长约 400 米，东西宽约 300 米，面积约 120000 平方米。1962 年 9 月和 1963 年 10 月，中国科学院考古研究所两次对西夏侯遗址进行了考古发掘，发掘总面积为 414 平方米。遗址文化层距地表 30 厘米左右，分 3 层，第二层含龙山文化、商及汉代遗物，第三、四两层均属大汶口文化层。整个遗址共清理灰坑 17 个，陶窑 1 座，墓葬 32 座，出土大汶口文化器物鼎、鬶、盉、壶、罐、缶、豆、钵、

杯等陶器19种800余件，铲、斧、锛、环、坠、纺轮等石器10余件。并出土了龙山文化器物罐、盆、盘、杯等陶器和斧、纺轮、针等石器骨器。遗址还暴露有6～7米的烧土层及平整的大块红烧土块，推测为建筑遗存。发掘结果表明，西夏侯遗址是一处大汶口文化中晚期至龙山文化以及商代的文化遗存，首次从地层关系上明确了大汶口文化早于龙山文化，为确定大汶口文化源于北辛文化，发展成山东龙山文化，又发展到商文化的历史过程，提供了科学依据。为探讨新石器时代社会生产力的发展以及社会结构等增添了大量科学翔实的资料，因而意义重大。西夏侯遗址1985年被公布为济宁市文物保护单位，2006年被公布为山东省文物保护单位。

仙源县故城

　　仙源县故城位于曲阜市书院街道旧县二、三街。宋初曲阜县城是沿用唐及五代时期旧址，在今曲阜城东北周公庙高地一带。大中祥符五年（1012年）闰十月，宋真宗以祖黄帝生于寿丘（在曲阜城东旧县村），下诏改曲阜为仙源县，将县治徙往寿丘，并营建景灵宫，以奉祀黄帝。特定仙源县官由孔子后裔充任。乾隆《曲阜县志》卷二十四记曰："帝言轩辕黄帝降于延恩殿，谕群臣曰，赵之始祖再降乃轩辕黄帝，黄帝生寿丘，寿丘在曲阜，乃故县名曰仙源，徙治寿丘。"

　　宋徽宗重和元年（1118年）七月，升兖州为袭庆府，仙源县乃归其所属。宋高宗建炎二年（1128年）县入于金，金太宗天会七年（1129年）又将仙源复为曲阜县，县址不变。金世宗大定十九年（1179年）改袭庆府为兖州泰定军节度使，隶山东西路，曲阜仍旧其所属，金宣宗元光年间，曾一度改曲阜为仙源，但不久即恢复。南宋理宗宝庆元年（1225年）县入于蒙古。元灭南宋后，曲阜属济宁总管府所辖。

　　明太祖洪武十八年（1385年）升兖州为府，隶山东布政使司，曲阜县属兖州府。从正德七年（1512年）七月至嘉靖元年（1522年）三月，用了十年的功夫，筑成新城，将孔庙、孔府环入城内。原先的曲阜城，即仙源旧城废弃为村庄，名曰旧县村。

　　新中国成立后，文物工作者曾多次对城址进行调查。现仙源县旧城内，"十"字大街基本保持，南、北、东、西城门遗址尚存，城南与城北护城河依旧。宋代仙源旧城，是曲阜城市发展史上的一座重要城址。这座城址对了解曲阜的城市变迁和社会变迁，具有很重要的文物价值。1986年以仙源旧城公布为曲阜市文物保护单位，2006年以仙源县故城公布为山东省文物保护单位。

济宁市文物保护单位

景灵宫遗址

　　景灵宫遗址位于曲阜市书院街道旧县一街东，为宋至明时期的宫殿遗址，面积约42000平方米。宋大中祥符五年（1012年），宋真宗尊黄帝为赵姓始祖，于是在黄帝诞生地——曲阜寿丘兴建景灵宫，据《重修景灵宫》碑记载："祠轩辕曰圣祖，又建太极观，祠其配曰圣祖母。越四年而宫成，总一千三百二十楹，其崇宏壮丽罕匹。于是琢玉为像，龛于中殿，以表尊严。岁时朝献如太庙仪。命学老氏者侍祠，而以大臣领之。"其后续工程一直延续至北宋末年。北宋天圣年间景灵宫曾遭火灾，旋即修复，政和、金大定、蒙古庚戌（1250年）、元至正七年（1347年）多次重修。元末明初全部废毁。现遗址仍在地下，遗址北部有巨石数块，均为景灵宫建筑构件。遗址南部现存巨碑两幢，其中一块俗称"万人愁"碑，碑身无字，高16.95米，宽3.75米，厚1.14米。其碑额雕群龙戏珠，另一块规模大致相似，有刻字"庆寿"。该遗址西部被民居占压，东部为居民耕地，遗址地表散落有大量建筑构件。景灵宫规模宏大，在中国祠庙和宫殿建筑史上具有重要地位，两幢宋代巨碑矗立于景灵宫遗址之上，通高皆在16米以上，堪称中国石碑之最。1985年被公布为济宁市文物保护单位。

董大城古城址

位于曲阜市董庄乡董大城村西南，时代为战国至宋代。董大城亦称董城寨，四面皆有城门，东门和北门遗址尚存，城周围有护城河一周。现残存内城，墙根宽为10米，东墙长292米，西墙长426米，北墙长432米，面积约0.126平方公里。此城始建于春秋晚期和战国早期，城堡式夯土城墙，汉代又作过维修，在城墙旧址处采集有战国时期的陶片和宋代陶片，可知古城使用时间之长。现古城遗址只留有西南角墙基，仍高丈余。1985年被公布为济宁市文物保护单位。

果庄遗址

位于曲阜市陵城镇大果庄村北。遗址未经发掘，20世纪50年代田野文物调查时发现，遗址面积约20000平方米，采集标本有龙山文化的黑陶陶片等。遗址文化层距地表约1.5米左右。出土手制素面红色陶，以鼎形器为多，器形有折沿、收颈、鼓腹、平底斜三角扁凿形足、鼓棱角足等，与岗上、堡头等遗址出土的鼎相同，属新石器时代龙山文化遗址。现遗址保存状况良好。1985年被公布为济宁市文物保护单位。

坡里遗址

位于曲阜市董庄乡坡里村北，时代为新石器时代。此遗址地表龙山文化遗物较少，大部分为周代遗物，如绳纹鬲足、鬲口、鬲裆等。保存现状基本完好，面积为250000平方米，1999年因京福公路设取土场，山东省考古所对其进行了考古发掘，出土一批珍贵文物。坡里遗址1986年被公布为曲阜市文物保护单位，2000年被公布为济宁市文物保护单位。

曲阜市文物保护单位

东大岭化石遗址

位于曲阜市董庄乡东黄家村东南。在地下2米深处出土很多兽骨化石。现遗址保存完好。1986年被公布为曲阜市文物保护单位。

韦家庄遗址

位于曲阜市董庄乡韦家庄东，崄河支流西侧。遗址原为一处高岭地，面积约20000平方米。1974年修水库时采集遗物有石斧、石铲、蛋壳陶杯、灰陶鼎足、盆罐口沿、器底等。2008年第三次全国文物普查时在遗址西侧断崖上采集到大量蛋壳陶、褐陶、灰陶等器物残片，纹饰主要为素面和绳纹。为一处典型的龙山文化遗址。1986年被公布为曲阜市文物保护单位。

夏庄遗址

位于曲阜市董庄乡后夏庄村南，丘陵遗址。1956年社科院考古所山东队曾进行考古调查，采集标本有石器、陶器，陶器多泥质灰黑陶，为龙山文化遗存。标本类型有缸、鼎、盆等。1986年被公布为曲阜市文物保护单位。

古遗址

屈家林遗址

　　位于曲阜市董庄乡屈家村东屈家林南100米处，南北长195米，东西宽175米，面积约为34000平方米，是一处西周至春秋战国时代的遗址。2008年11月对其进行复查，周代时期标本较少，发现有较多的瓷器。采集标本有罐口沿、碗底、缸底。1986年被公布为曲阜市文物保护单位。

屈家村窑址

　　位于曲阜市董庄乡屈家村东北200米，1978年文物普查考证并发掘出宋代窑址遗迹，2008年11月对其复查，该窑址东西长约240米，南北宽约220米，面积约45713平方米。采集标本有罐口沿、盆口沿、罐耳、碗底、缸底等。1986年被公布为曲阜市文物保护单位。

何家店窑址

　　位于曲阜市董庄乡何家店村东150米，该窑址分布面积约30000平方米，文化层堆积厚约2米。地表暴露有红烧土、炉渣等遗迹。采集标本有唐代青瓷碗底、支钉、圆柱形窑具、宋代青釉瓷碗圈足等。1986年被公布为曲阜市文物保护单位。

凫村遗址

　　位于曲阜市小雪镇北凫村西1.5公里处，为平原遗址。东西长194米，南北宽145米，1953年秋挖土时发现一件完整的红砂陶绳纹鬲，1962年社科院考古所山东队进行考古调查，采集标本为龙山文化石器，有琢制石斧、石镰、泥质灰黑陶、夹砂红陶等，据此认定该遗址为新石器时代遗址。1986年被公布为曲阜市文物保护单位。

南兴埠遗址

　　位于曲阜市小雪镇南兴埠村东南1公里处，为一平原遗址，基本呈长方形，南北长362米，东西宽144米，面积约44213平方米。1982年山东省考古研究所对其进行考古发掘，测定文化层堆积厚约3米，遗迹有墓葬、房基等，出土标本石器有斧、铲、锛、凿、刀、镰，陶器分为泥质、夹砂两类，纹饰有篮纹、划纹、附加堆纹等，器形有鼎、缸、豆、盆、高柄杯、壶等。经分析确定为大汶口文化的晚期遗址。2008年第三次全国文物普查对其进行复查，发现遗址北部部分被窑厂和兖石铁路占压，窑厂取土对其造成部分破坏，南部保存较好。1986年被公布为曲阜市文物保护单位。

店北头遗址

位于曲阜市小雪镇店北头村北1公里处，平原遗址，面积约为10000平方米。此遗址是1957年春文物普查时发现，1962年又作了复查和试掘，文化层堆积厚约1米，分3层，出土陶片以夹砂灰陶为主，夹砂红陶次之，泥质灰黑陶较少，为大汶口文化晚期遗址。器形有罐、碗、甑、鼎、豆等，石器有斧、铲、镞等。2008年又对该遗址进行了复查，采集标本有夹砂灰陶罐底、夹砂红陶残片，泥质灰陶碗口沿，夹砂陶足。1986年被公布为曲阜市文物保护单位。

小雪遗址

位于曲阜市小雪镇南雪村东南100米。平原遗址，南北长170米，东西宽110米，面积约18000平方米。1982年文物普查时发现，文化层堆积厚约1米，陶器以泥质为主，绳纹或素面，器物类型有鬲、盆、缸，同时有部分灰坑暴露，为一处新石器、西周时期文化遗址。2008年第三次全国文物普查时采集标本主要有泥质灰陶罐、盆等器物口沿及板瓦残片，为研究西周时期文化遗存提供了参考资料。1986年被公布为曲阜市文物保护单位。

孙家林遗址

位于曲阜市小雪镇西雪村西北孙家林内，于1981年调查发现。长约100米，宽约100米，总面积10000平方米。遗址中心地势较高，土质为黄褐色硬土，当地农民在遗址上种田挖沟时常发现有灰坑，内有草木灰和一些红褐色夹砂陶片。2008年第三次全国文物普查采集标本有：夹砂红陶、商代泥质灰陶豆柄等，经初步钻探文化层堆积厚约1.5米，0.8米处含有较多的草木灰、烧土粒、陶片等包含物。1986年被公布为曲阜市文物保护单位。

彭家村遗址

位于曲阜市小雪镇彭家村北500米，东距西104国道300米。系1982年第二次全国文物普查时首次发现，遗址地势平坦，面积约10000平方米。采集遗物有泥质灰陶豆盘，褐色细绳纹夹砂盒等。2008年3月第三次全国文物普查复查，地表采集有周、汉时期的陶器口沿、腹壁等残片，多为绳纹、素面。现为村民耕地。1986年被公布为曲阜市文物保护单位。

小南庄遗址

位于曲阜市陵城镇小南庄村东约200米处，20世纪80年代初全国第二次文物普查时被发现。出土有红陶器、灰陶器、石器、鹿角器等残损遗物，完整器物有鼎1件、杯1件、壶1件。2002年村民种植蔬菜建设大棚时，发现墓葬1座，出土有泥质红陶鬶、杯等器物1宗。从出土器物来看该遗址为一处典型的新石器时期大汶口文化遗址。2008年4月对该遗址进行了复查，文化堆积层厚约90厘米，采集物有夹砂红陶残片、灰陶残片、凿形陶足、红烧土等。1986年被公布为曲阜市文物保护单位。

苑庄遗址

位于曲阜市陵城镇苑庄村南1公里处，平原遗址。东西长83米，南北宽72米，面积约6000平方米，文化层堆积厚约80厘米。1957年春文物普查时发现灰坑10余处，灰坑中有陶片、红烧土，以及蚌壳和蚌器。采集遗物多为夹砂黑陶、泥质黑陶残器，少量薄而光亮的蛋壳黑陶、鹿角，还有残石斧2件。第三次全国文物普查时发现少量黑陶残片。1986年被公布为曲阜市文物保护单位。

东郭遗址

位于曲阜市陵城镇东郭村东，平原遗址。南北长约250米，东西宽约200米，面积约50000平方米。1963至1964年发现，文化层堆积厚约1.5米，采集标本有石铲、石斧、陶器等。石铲呈长方形，形体较大、方孔，陶器以泥质黑陶为主，标本有战国的鬲、豆、缸、盆等。2008年第三次全国文物普查时采集到的标本有鬲足、口沿、板瓦、残石铲1件、陶井圈，陶器以泥质为主，有少量夹砂，为一处典型的商周遗址。1986年被公布为曲阜市文物保护单位。

西郭遗址

位于曲阜市陵城镇西郭村北侧，平原遗址。南北长260米，东西宽152米，面积约39520平方米。1981年济宁文物普查队发现，文化层堆积厚约1.5米，暴露遗迹有灰坑等。采集标本有周代鬲足、盆口沿、豆盘、甗底等及汉代罐口沿、建筑构件等。第三次全国文物普查时采集到的标本有泥质灰陶板瓦、豆盘、罐口沿、盆口沿等。1986年被公布为曲阜市文物保护单位。

章枣遗址

　　位于曲阜市陵城镇章枣村村西1500米处，1981年第二次全国文物普查时发现，地面暴露遗物有陶片、蚌壳、兽骨、烧土等，采集标本有龙山文化的石纺轮、缸、豆、鬲等残片及周代的陶片，保存完好。在第三次全国文物普查时对该遗址进行了复查，采集标本有商周时期的夹砂板瓦、陶片、夹砂豆柄、泥质板瓦、泥质灰陶，红陶缸口沿、夹砂灰陶井圈等残片，文化层堆积厚约1米，现遗址保存基本完好。1986年被公布为曲阜市文物保护单位。

霍家村遗址

　　位于曲阜市时庄镇霍家村北，平原遗址，面积约45000万平方米。1981年第二次全国文物普查时发现，文化层堆积厚约1米，采集标本有鼎、豆、盆、罐等陶器残片及石斧，陶器主要以夹砂和泥质红陶为主，为一处典型的新石器时代大汶口文化遗存。1986年被公布为曲阜市文物保护单位。

八里庙遗址

　　位于曲阜市时庄镇八里庙村北，平原遗址，面积10650平方米，距泗河约1.5米，1962年、1973年、1981年曾进行考古调查，文化层堆积厚约1.5米，陶片主要是夹砂灰陶和泥质黑陶，为轮制，纹饰以素面为主，少有方格纹、弦纹，采集标本有鼎、缸、豆、盆、碗、杯、尊形器等，属新石器时代龙山文化遗址。1986年被公布为曲阜市文物保护单位。

古柳村遗址

　　位于曲阜市时庄镇古柳村南200米，平原遗址。面积约20000平方米。1980年济宁市文物普查时发现，地表暴露较多灰坑，陶器为灰色、夹砂红褐色，纹饰以绳纹为主，器物类型有豆、盆、罐、鬲等，文化层堆积厚1.5—2米。为一周汉时期的文化遗存。2008年第三次全国文物普查时采集标本有豆柄、罐口沿等。1986年被公布为曲阜市文物保护单位。

刘家村遗址

　　位于曲阜市时庄镇刘家村内。20世纪80年代村民挖沟时曾经出土过石斧、陶罐等遗物，依据出土的标本特征推断为一处新石器时期文化遗存。1986年被公布为曲阜市文物保护单位。

孔村窑厂遗址

位于曲阜市时庄镇后孔村北，为一平原遗址，大致呈长方形，面积为39885平方米，1957年、1962年进行考古调查时采集标本有东周灰陶豆、缸、盆残片，夹砂灰陶鬲等，另采集大量汉代灰陶缸、壶、盘等残片，文化层堆积厚约2米。2008年6月第三次全国文物普查采集标本有罐、缸、鬲、豆等器物残片，其中部分标本有较为明显的商代特征，据此判断此遗址是一典型的商至汉遗址，为研究曲阜商至汉时期的聚落分布、文化特征提供了重要资料。1986年被公布为曲阜市文物保护单位。

白村遗址

位于曲阜市南辛镇西白村西南。平原遗址，东西长350米，南北宽200米，面积约70000平方米。1954年村民挖地瓜窖时采集斧、锛等粗石质石器20余件，另有大量陶器标本。2008年曲阜市第三次全国文物普查时，从地表采集大量遗物，主要为夹砂红陶、泥质灰陶和黑陶，纹饰有戳点纹、附加堆纹、素面和绳纹。可辨器形有罐、鼎、盆、豆、纺轮、陶拍等，依据采集到的标本推断为新石器、商周时期的文化遗存。1986年被公布为曲阜市文物保护单位。

东魏庄遗址

　　位于曲阜市南辛镇东魏庄村西，为一处平原遗址，面积约60000平方米，1962年曾进行考古试掘，文化层堆积厚约2.5米。暴露遗迹有大汶口文化时期的墓葬及龙山文化的灰坑等。出土器物有鼎、壶、罐、杯、盆、盘等，石器有斧、刀、镞，骨器有匕、骨饰等。1986年被公布为曲阜市文物保护单位。

瓦窑头遗址

　　位于曲阜市书院街道瓦窑头村东北，泗河南岸，面积约1384平方米。1981年考古调查时采集标本较多，石器有斧、锛、刀等，陶片多为夹砂灰黑陶，轮制，以鼎为多，另有杯、碗、豆、罐等，文化层堆积厚约1.5米，为一处新石器时代的文化遗存。2008年第三次全国文物普查时地表未采集到标本。1986年被公布为曲阜市文物保护单位。

瓦窑头遗址

西林西遗址

　　位于曲阜市书院街道西林西村西，为一平原遗址，东西长300米，南北宽200米，面积60000平方米，20世纪80年代文物普查时采集遗物有：陶片、鼎口、鼎足、盆罐口沿等，为龙山文化遗址，现遗址保存基本较好。1986年被公布为曲阜市文物保护单位。

齐家林遗址

　　位于曲阜市息陬乡店子村北50米，1963年取土时发现，为一处平原遗址，面积约2500平方米。采集标本有石器、鹿角、陶器等，陶器为夹砂、泥质红陶，器物有豆盘、豆柄、鬲等，属于大汶口晚期文化遗存。2008年第三次全国文物普查时没有采集到标本，保存状况一般。1986年被公布为曲阜市文物保护单位。

息陬窑址

　　位于曲阜市息陬乡北息陬村北50米，面积约36000平方米。1980年山东大学历史系曾进行过考古调查，采集到的标本有烧土、炉渣、支架、窑具、碗、罐残片等，以青瓷为主，间有少量白瓷。2008年第三次全国文物普查时采集到大量窑具、支架、瓷片等。为研究宋代曲阜地区的窑址分布提供了重要的实物资料。1986年被公布为曲阜市文物保护单位。

马庄遗址

位于曲阜市防山乡马庄村东南1公里处，为一平原遗址，南北长约244米，东西宽约213米，面积约50989.6平方米，第二次全国文物普查时发现有大汶口文化的灰坑、墓葬等，采集标本有石器、缸、鼎、杯、鬶、豆等。2009年第三次全国文物普查采集标本有石斧、陶器残片等。1986年被公布为曲阜市文物保护单位。

万柳庄遗址

位于曲阜市防山乡万柳庄村北，平原遗址。南北长380米，东西宽160米，面积约60000平方米，1967年村民深翻土地时发现，出土大量陶器残片、石器、鹿角等，陶器中有碗、盆、罐、钵，以及白陶鬶残片、鬲足、鼎足等，石器中有石斧、石铲等。2009年曲阜市第三次全国文物普查时，地表暴露出大量陶器残片，以夹砂红陶、褐陶为主，灰陶次之，以及少量的白陶，采集到的标本有：鼎足、豆盘等器物残片，以及红烧土、石器等。依据采集到的标本特征推断该遗址为一处新石器时代文化遗存。1986年被公布为曲阜市文物保护单位。

宋家村窑址

位于曲阜市防山乡宋家村东，为青釉窑址，面积约20000平方米，文化层堆积厚约2米，采集标本有碗、缸、壶等残片，表面半釉，底为圈足实心，窑具有三角支架、托底、垫圈等，保存较好。2009年第三次全国文物普查对其进行复查，面积约11510平方米，采集到的标本有盆、碗、盘等器物残片和三角支钉、支柱、托座、垫圈等窑具。该窑址标本之丰富，器物之完整对研究隋唐文化以及隋唐窑厂分布提供了珍贵的实物资料。1986年被公布为曲阜市文物保护单位。

古遗址

横沟泉化石遗址

　　位于曲阜市王庄乡横沟泉村东北，泗河北岸约0.5公里处。1963年村民搞引水北调，深挖大水渠时，在长约500米的范围内发现很多黄、灰色树木纹的化石，长、短、粗、细均有。大部分树木化石用以筑河堤，部分收存于曲阜文物管理委员会。当年因水渠两岸没有深挖，化石分布的宽度尚不能确定。2008年第三次全国文物普查时，未采集到任何化石标本。1986年被公布为曲阜市文物保护单位。

王庄西岭遗址

　　位于曲阜市王庄乡中王村西北100米处，地处丘陵地带，东500米为崄河，面积约30000平方米。1962年、1973年、1981年曾进行考古调查，采集标本石器有锛、斧等，陶器以夹砂和泥质的红、灰黑陶居多，手制、轮制皆有，多素面，少篮纹、弦纹、划纹、附加堆纹，器形有鼎、缸、杯等，为一处大汶口文化居住遗址，保存完好。2009年第三次全国文物普查时对该遗址进行复查，未采集到新石器时期的标本，仅采集到周代时期的井圈、罐口沿、豆柄等。经钻探对文化层进行分析：地面0.5米以下为文化层，0.6米处探出红烧土块，0.7米处土质含草木灰，文化层厚度为1米。该遗址基本呈长方形，南北长约188米，东西宽约126米，面积约23800平方米。1986年被公布为曲阜市文物保护单位。

陈庄遗址

　　位于曲阜市王庄乡陈庄村西南500米，平原遗址，面积约100000平方米。1981年文物普查时发现，文化层堆积厚度约1.5米，暴露的遗迹有烧土、灰坑等，采集到的标本有：鬲、缸、甑、瓦等器物残片。2009年文物普查时，地表暴露的遗迹有灰坑、陶井，采集到的标本有：墓砖、陶井圈、瓦、鬲等器物残片。依据采集到的标本特征推断，该遗址为一处周代文化遗存。1986年被公布为曲阜市文物保护单位。